34

FOTO**TORST**

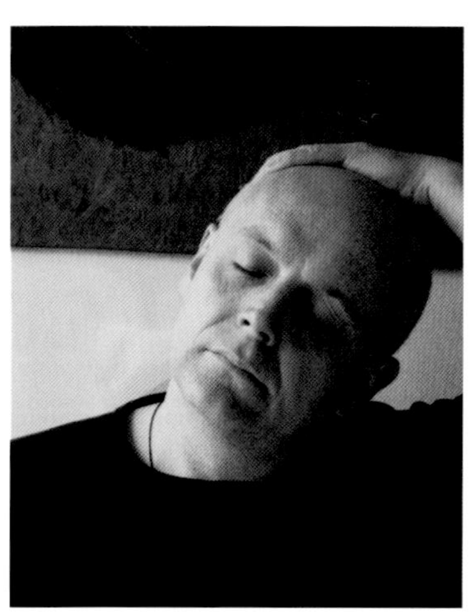

LUCIA L. FIŠEROVÁ

Peter **Župník**

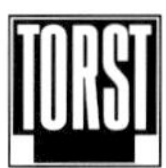

Kniha vychází s laskavýn přispěním reklamní agentury Fabrika.

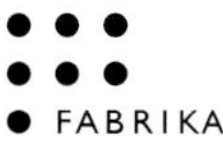

ISBN 978-80-7215-400-5

Peter Župník's Nostalgia

An introductory remark

The essence of Peter Župník's photographs becomes particularly clear during the prosaic activity of selecting and arranging them for a publication. The chronological ordering of these photos should probably not be ascribed any great meaning. This is partly because in his photos mythical time circles about, Župník returning again and again to the same things. The fantastical pictures of childhood turn into sublimated eroticism, only to emerge in the mystery of death before returning to the beginning again. As the photographer-critic Josef Moucha notes, "Župník is actually searching for the way back: he heads for his own starting points and goes against the current of the contemporary digital revolution."[1] Even the method by which he makes his photographs contradicts chronology. Between the moment of pressing the shutter release and the final "brushstroke" several months or even years have gone by. That is why the dating of each photograph usually includes an earlier and a later year, placed ambiguously on the timeline.

The arrangement of the present book ultimately has little to do with grouping photographs by series, genre, or theme. Župník does not think in terms of concepts, he does not chart out phenomena, nor does he make series with definite endings. His work is intuitive; it expands and so, in a certain sense, cannot be pinned down or divided up. His visual thinking is a reflection not only of flowing with time and spreading out through space, but also of permeating the borders of genres. A still life is a fragment of a landscape and a landscape is stage scenery for architecture brought to life. Fruits and seeds are bodies; living creatures turn into spiritual beings. Single photos, full of stories, are linked together in a chain within the whole of his *oeuvre*, forming a new universe, which in return assigns new relations and meanings to the photos. The architecture, landscapes, animals, plants, still lifes, and human figures form a unity, revealing the hidden wholeness of the world. That is reflected in the photographer's choice of words when defending his dissertation at the Film and Television School of the

Academy of Performing Arts (FAMU), Prague, in 1986: "Heaven was divided into several parts and it was forgotten that there is only one [...]."[2]

The square format and small dimensions of the two books of Župník's works called for a graphic design employing facing pages to present photographic diptychs. The poetry of discovering still lifes suggests that one should arrange the photographs according to external similarities,[3] which is what these two earlier books chose to do. The isolated pairs of photos, however, always result in the fatal effect of their being like doubles, counterparts, metaphors, comparisons, or symbols. One photograph speaks through the second, contradicts, intensifies, or stifles it. Excessive formal similarity, without strong internal links, often prevents the viewer from going beyond the mere surface, making it impossible for him or her to establish a deeper relationship with the photo.[4] Aware of the risk, the photographer and I ultimately resisted the temptation, then, to focus the viewer's attention on pretty, "unintended charm," and, rather than evoking confusing connections, have opted for a more balanced "distribution of forces" in the visual composition of the current publication.

An orchard, roots, and points of departure

Self-portrait, from 1985, one of the first photographs to which he added paint, seems to have unintentionally become a visual sign of Župník's future approach to pre-visual reality. In the photograph, he is standing behind a wide plaster castle that decorates a garden. He wears a tin tower on his head and, because of his central position amongst other towers, appears to be a living feature of this homemade "marginal" architecture. The resulting impression of an organic link between the building and the figure in the black-and-white photo is intensified by the addition of color. The castle in the garden might seem to be banal, unaesthetic, a piece of junk; but from the point of view of a child or adult who has never encountered the pejorative term "garden kitsch," the castle may seem magical, mysterious, magnificent. And it is this ambivalence of things that Župník suggests in many of his later photographs. It is not an informed observer's attitude to an object; rather, it is intuitively identifying with a thing "here and now," involving one's own body and permeating the thing; it is the key moment, when a joyful pose changes into a natural gesture. Someone who tends to pathos would probably say: "Here is the truth spellbound."

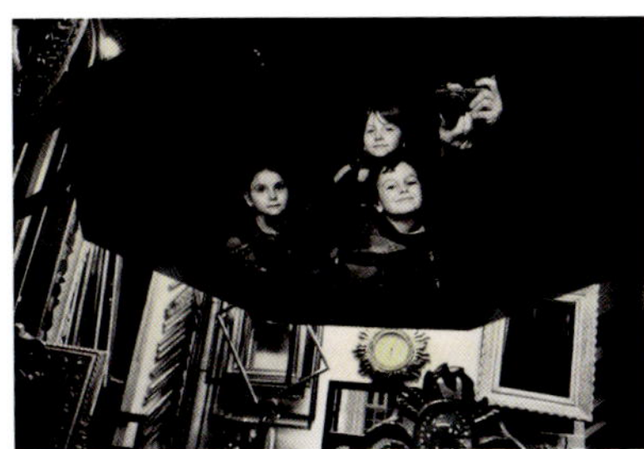

In the Mirror with My Children /
V zrkadle s mojimi deťmi, Paris, 2006

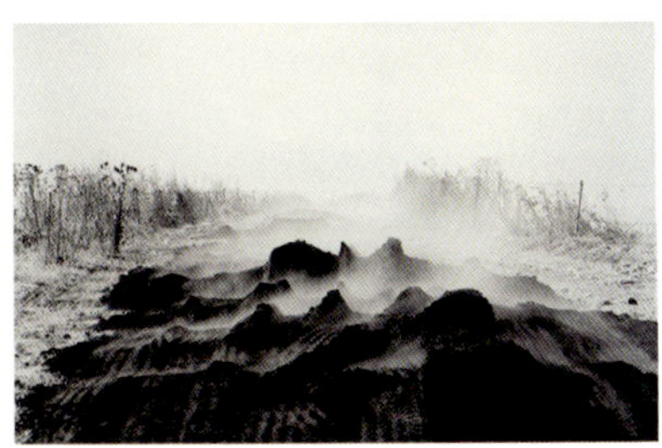

Over Hill, Over Dale, Slovakia / Cestou
necestou, Slovensko, 1989

Župník spent much of his childhood in an orchard. His mother, Czech by origin, his father, an emigrant from the Ukraine, devoted themselves to cultivating fruit trees. The photos of apples for cultivation are among his early works. This space (almost like the cliché garden of the Soviet geneticist Michurin occurring in Socialist Realist art), situated in the beautiful natural surroundings of the Spiš region in north-eastern Slovakia, was almost a picture of paradise. Župník made it his own. It would certainly not be wrong to look here for the sources of his life-long fascination with nature in its most subtle and also most magnificent forms. After all, in connection with the beginnings of his work, he once remarked: "Long ago, the sun shone, the Tatra Mountains were on one side, the Slovak Ore Mountains (Rudohorie) on the other. Black-and-white cats at home and the wonderful Spiš landscape all around. What more could anyone ask for?"[5]

The trajectory of his life became, in the course of time, trans-European. After graduating from the School of Decorative Arts in Košice, he left for Prague. For a long time, even after his six years at FAMU, Prague absorbed him completely. It was in Prague, paradoxically, that this student from the Slovak countryside searched, and found, not what was romantic and pulsating, but what was concealed and quietly festive – gaps in being, discovered particularly during night-time walks through empty streets, which he photographed with "eyes like an electronic flash." He soon published these works in *Prague, Night Memories.*[6]

One of the first blows of fate, which brought out the existential quality of his life and work, was Župník's clinical death in 1984. After a week of very

7

high fever, he suddenly experienced a transcendental phenomenon – a flood of astounding light, a sense of liberation of the soul, blissful levitation, and then a conscious return to his sick body with one thought only: "I haven't yet made THAT photograph." All his subsequent work is marked by this mystical experience and also, in a certain sense, obligation. In several interviews he mentions his searching for the picture, the photograph that is hidden somewhere, still waiting for him: "I am still searching for that ur-picture, for non-existent beauty."[7] Sometime around the fateful year 1984, he began also to paint on to his photographs with pastels, making more or less subtlc changes. These additions definitively move his photographs beyond reality, giving them a kind of independent existence. They change the object in front of the lens, as the writer Daniela Hodrová has noted, "from a mere object of indifferent matter into an independent object, into a thing resulting from the interaction between the observer and the object, into a magical thing, in a new way."[8]

Ultimately, however, Prague did not become the photographer's last stop. In 1989 he got married, but first he and his future wife took a trip to Paris. The French metropolis charmed Beáta Župníková so much that she began to study international law there and after the birth of their first child, in 1994, both she and Peter settled down in Paris for good. But rather than inspiration for his work, Paris represents for Župník a terrifying labyrinth, a territory of spatial and linguistic chaos, which he will never master. A certain outer asylum was provided to him by the untamed nature of Brittany and Normandy, which, despite the distance, seemed to send him back in the direction of his native Spiš. But Župník began to create an asylum of another kind as well, an inner asylum, the family circle with three small children, with whom Župník stays at home while his wife is at work. The loss of the opportunity to move about freely forced him to concentrate on things found in his closest surroundings – the kitchen, the park, and the fruit and vegetable market. Unable to go farther, he came closer. He investigated everyday things with the eyes of child. "Even a small space has its own infinity,"[9] he says. In this period he made the series *Little Big Things*, full of gentle, witty eroticism, transforming the human model of sensuality into botanical categories. Even this "set" is only a result of a subtle change of perspective. Župník was still looking at the same things, but in greater detail, in an increasingly exploratory way, like looking at apples in the Spiš orchard.

8

In the descriptions of Župník's career, however, there remains a spot not discussed by people who have written about his work. His marriage of fifteen years fell apart, ending in a messy divorce, which took him months to recover from. He began to get away from Paris with increasing frequency. He again sought asylum and also visual inspiration in his native town of Levoča, Spiš, which, as he himself says, he had rarely photographed before.[10]

Time circles through the space of Župník's pictures, stirring up what should otherwise flow along peacefully: childhood, which "goes on," death, which "already was," love and the erotic, which are, yet are not. Everything happens at the same time and each photograph plays a part in the whole, just as each shard of a broken mirror stands for the whole of the original

Župník and the others

At FAMU in the mid-1980s, a group of photography students began to make work that stirred up the hitherto calm waters of Czechoslovak art photography. They were soon called the "Slovak New Wave". Despite their not being an organized group with a set program, or perhaps for that very reason, their relatively unified visual expression, characterized by levity in the genres of the nude and the still life, was one of the first manifestations of postmodern photography in Czechoslovakia. Staged reality, narrative and metaphorical qualities, the fragmentation of the body and the breaking of taboos by ironic visual or textual commentary, eclectic techniques employing approaches (such as collage, montage, additional painting) normally used in the other visual arts – all of that made the photographs of Miro Švolík, Rudo Prekop, Tono Stano, Kamil Varga, Vasil Stanko, Peter Župník, and Jano Pavlík superb examples of the new visual discourse.

Theorists of photography and also journalist-critics often emphasize Župník's uniqueness and, in comparison with the other members of the Slovak New Wave, his "outsider" status. Even if they are in principle right, there is no real reason to stress that point, because these photographers never sought to use a shared idiom in their art. Consequently, Župník's distinctive style cannot mean any kind of departure from his colleagues. Apart from shared starting points related to time and place, he is linked to the Slovak New Wave by his playful approach to the photographed subject matter, physical manipulation of the print, and the final picturesque-meditative effect of his photos. But Župník, unlike the others, is not content to have only his imagination as the source of his visual ideas. He has therefore opened up a broad field in the real world, which he lets his imagination penetrate as deeply as possible.

Because of this interest in the real world, his approach is often – and very imprecisely – interpreted as "documentary" (as opposed to "staged") But, in terms of image, his work has little in common with documentary photography (or even "subjective documentary" photography). Župník intentionally captures too little of what he sees around him to have "documented" anything. That is why he likes to photograph in twilight, up close, or with a narrow depth of field. Through depicted reality shines another light – a surreal world. The Surreal is thus Župník's intuitive photographic signature, rather than a conscious reference to an art trend. The photographer only bounces off the reality in front of the lens. Reality provides him with the raw material for constructing what his imagination dictates, but the process of building is left to the mind of the viewer.

Župník's pictures lack action and spontaneous situations. One almost never sees a real figure in them. Instead of a person we find the presence or absence of a person, and instead of a body, the desire of a body. Man in a Župník photograph is always the same, always one: Župník himself.

The moment of entry

The uninformed viewer may be puzzled by the double-dates of these photographs. The first date indicates the year the negative was made, the second the year the concrete photograph was made with the photographer's intervention. Between these two markers an ocean of time stretches out. The relationship between the photograph and reality is made problematic by these shifts: at one moment the photographer has captured reality and in another he "releases" it into the original picture that he had seen behind reality and on account of which he had pressed the shutter release. By painting directly onto the print of a black-and-white photograph he seems to "break the spell," but in fact it is reality squared, a dream about what we once dreamt long ago. (As he puts it, "I experience the already experienced."[11]) The frozen, preserved storyline of the photographic image is set in motion again by a touch of pastel, while inconspicuously changing its direction.

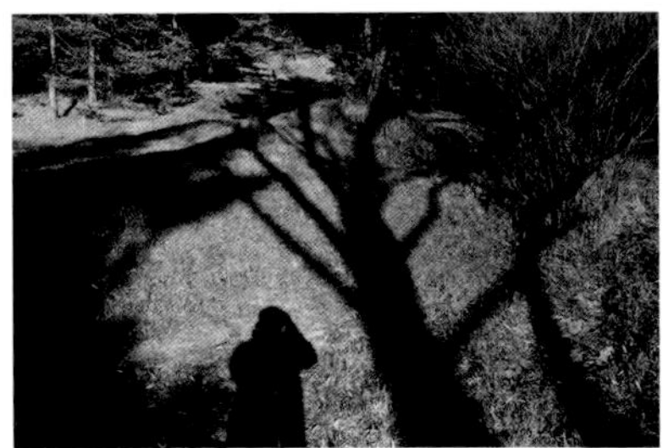

At Home / U nás, Spiš, 1994

With painterly approaches Župník has sometimes camouflaged the traces of the movement which remain when photographing with long exposures (as in *The Flying Dutchman*). Sometimes he hints that the subject matter is light, ephemeral (like the dandelions as their blooms fade away in *Homage to Tarkovsky*). Elsewhere he makes physical relations visual and poetic. (The photo *Stability*, which shows a dog apparently growing into the asphalt, is an artistic materialization of the force of gravity.) In other pictures (*Curtain*, *Chrysanthemums*, and *Genesis*) he lets mystical light shine through the objects or enables light to expand around them. Elsewhere he makes things transparent by painting directly "through" them (*Paths*). His profoundly elegiac landscapes on the other hand are veiled in smoke and steam (for example, *A Talk with the Wind*). It is as if the photographer has discovered an arcane purpose in veiling and making unclear, in order to enable things to sparkle and glow, to emerge from the background as they emerged from his mind years later. The ominous clouds wrapping around the land (in *Gentle Touch* and *Christmas*) add depth of atmospheric space to the layer of color, making the photograph palpable and material by a painterly gesture.

In photographs whose meaning justifies it, the artist adds even more intense colors. With cheerful green he moves cucumber whales from ocean waters into the fermenting pond of a pickle jar (*Whales*). In the photo *I Miss You* he adds yellow to suggest the softness and sweetness of pears.[12] In some cases, the added paint creates free play with the texture of the picture (*Dog Day*). Elsewhere, by contrast, Župník achieves a striking metaphorical effect (as in the flaming fingers of *Kitchen Oath*).

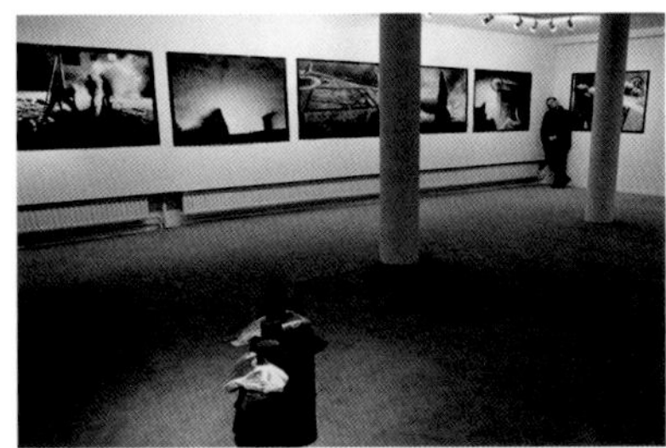

Foto Biennale Enschede, 1991

Mythical time is locked in each and every photo, demarcated by two levels, the photographic and the painterly. Entering the pictures with our own external views, we add a third time to these photos.

Spirit and levitation

By touching upon the spiritual, Župník is able to come to terms with the urgent material nature of the things he depicts. His approach has a strange effect – the closer he gets to the object, the more the descriptiveness, banality, and literal quality vanish. The object opens up, "reveals itself," and the subtle motives increasingly acquire a profound, more universal meaning. That is helped by the painterly approaches that transform places, and the things and animals in them, into mysterious spaces full of magical beings.

Related to the artist's experience of the extreme situation on the edge of two worlds is the frequent theme of death and the dead. The photo *Chrysanthemums* is an extraordinary allusion to the "last things of man." The theme of flowers from the perspective of a meadow sprite pushing its way through the stems of flowers brings to mind a fairy tale. By means of the title the artist toys with our imagination.[13] In some countries chrysanthemums are associated with All Souls' Day, and can automatically determine the viewer's position not only towards the flowers, but also towards his or her own existence in the world. Through the spiritual space sheltered by the dense petals of chrysanthemums the light penetrates from above, but this fragile boundary is impervious to everything else. The spheres are closed off.

In Župník's photographs the battlefield of angels and demons is one of the metaphors of the world. These supernatural beings are often represented by using animals allegorically. This is most often the black cat, which becomes the symbol of the dark, the secret, the evil, evoking an unidentifiable threat or giving us an inkling of unease. The artist changes it into a demon (in Good and Evil), a dangerous beast of prey of the kitchen (The Cat That Would be a Tiger) or a wary jumper (Now). Details emerge from an indefinite background – an eye, whiskers, teeth, or an elegant silhouette (Silhouette). A mute observer of things – Le Chat Noir – emerges from the darkness like the Cheshire Cat in the story of Alice in Wonderland. The cat fascinates the artist, but also gains his respect. The cat's face is almost the only one in Župník's photos that looks us in the eye.

These photos are, however, also inhabited by other fairy-tale or mythical beings: fairies (in *Good and Evil*), vampires (in *The Vampires' Ball*), angels in human form (the "fallen angel" in *Icarus*), in the form of a Dalmatian with an aureole around its head (*Angel Dog*), and geese (*Geese Lose Only Feathers*). This last-mentioned photo, from 1981, appears on the cover of Župník's previous monograph. It is a superb example of the layering of several meanings at once. On the dark surface above the seated geese the artist has sent white spots levitating, which at first sight bring to mind goose down, but, since they appear to be in flames, more strongly evoke will-o'-the-wisps. Metaphorically (and seen in the context of his whole work) the glowing geese represent spirits or angels and white spots begin to acquire the sacred meaning of aureoles. With the spots placed individually above the heads of the community of geese the picture recalls the motif, so popular in church painting, of the Pentecost, in which the Holy Spirit appears above a group of apostles in the form of fiery tongues.

The state of levitation is characteristic of the supernal spheres. Not only clouds, spirits, and birds soar in Župník's pictures; he even sets the world of inanimate objects in motion – a bell pepper sails along like a spacecraft (in *Space Ship*) and a chestnut touches down on a table. The spots on the coat of the Dalmatian in *Dog Day* have become unstuck like badly pasted decoration, and are rising upwards, merging with the heads of the two people in the picture. The ephemeral, almost immaterial photographic image catches the "measles" of the body of the painting, freeing it from its dependency on reality. A fish easily breaks through a window pane and the surface of the photograph (*The Deceived Fish*) – as if flying were something natural for it; only its landing has not been carefully thought out. A heart rises above a broken plate (*Heart*). And we mutely observe the world floating in the breeze, like the heroes of Martin Šulík's film *The Garden* (1995), who watch the levitating girl in the final scene. And we long to say, together with a character in the film, "Everything is finally as it should be."

What are those things, anyway? The kitchen topos

"What could be more surreal than an object that virtually produces itself, and with a minimum of effort?"[14] asks the American essayist Susan Sontag in her book *On Photography*. Elsewhere she claims, rightly, that "photography is the only art that is natively surreal."[15] The object in a Župník photograph is not merely stage scenery, a prop, an emblem. It is a thing, it is an essence. Taken out of its usual context, it operates on its own, while visually going beyond its own original function. A stroll in Župník's landscapes and interiors could well be called an encounter with objects brought to life and beings put to sleep. The artist has breathed the fox's "spirit" back into the fur collars in *Fables*, which hang on a mirror; only half of the flat furry "bodies," brought to life with an orange tint, are captured in the photograph, in order to conceal the fact that they are only items in a wardrobe. The live-dead birds in *Observers* motionlessly observe their surroundings, immersed in the dark. The gloomy encounter of bird silhouettes is played out only in the taxidermist's workshop, but we may believe that at midnight the stuffed birds miraculously come to life. That's why one would be better off calling an arrangement of objects of this kind a "still life" rather than a *nature morte*.[16]

The essentially banal space of the kitchen – a frequent topos of Župník's photographs – is often a place where many serious decisions are made. The artist in *Kitchen Oath* raises two fingers that terminate in flickering blue flames like those that come out of a gas lighter. The dramatic illumination of the scene, with its reflections on the polished kitchen utensils, gives the whole scene a special majesty, almost festiveness, like a glowing church that is witness to marriage vows. But the kitchen is a place of mystery as well: culinary alchemy and archaeology, changes of state (from liquid, gas, and solid), an Arcimboldo-like encounter on a kitchen table, and the subsequent bacchanalia. The subject matter of pickle jars and other vessels full of remarkable creatures suspended in liquid (in the photographs *Whales* and *Fossil*), captured with an almost scientific interest, shifts these art photographs to the fields of paleontology, botany, zoology, and even anthropology. Plants, fruits, and vegetables are objects on the boundary of objectivity. Taken out of the context of nature, where they grew and fell, they become still lifes.

The great themes, like birth and good and evil, sharply contrast, sometimes almost heretically, with the simplicity of subtle objects, which return us – when seen through the lens of investigation – to the time of childhood. The incision in a round watermelon in the photo *Genesis* becomes, by means of the light penetrating its pulp, a fiery cosmic body. We cannot be sure whether we are not looking through the lens of an astronomical telescope into the distances of outer space or through a microscope at an egg with winding sperm of black stones. In the tangle of associations that arise, the macrocosm overlaps with the microcosm in a single photograph.

Eroticism and the pickle

The erotic and corporeality in general, with everything related to them, accompany all of Župník's works, and naturally touch upon elementary childlike ideas and also adult thoughts about the indivisibility of body and soul. The fruit of plants and the frames of animals often evoke in Župník haunting ideas of corporeality. The chestnut in the photograph *Easy Rider* has turned into a little *lunokhod* ("moonwalker") spacecraft that has just landed on the table, again recalling a child's acoustic-haptic fascination with the shiny skin of a still moist, untouched chestnut, which has hit the ground with a thud and burst open. Its carnality, as well as the tenderness with which the chestnut/*lunokhod* touches the table top with the tips of its prickles, suggests something elementarily sensual. When we look at the wet brawniness and clumsiness of the warty bodies of green cucumbers (*Whales*), which swim lazily in an acidic solution, we keenly recall a biology lab with flasks full of formaldehyde in which tissue is preserved for scientific research. On the other hand, suspended in a vessel (a cavity) filled with (amniotic) fluid, it can also function as a symbol of birth, by which the depiction moves from the postmortem to the prenatal. Last but not least, the series of sensually rounded bell peppers (*A Handful*) or the series with mushrooms (*My Landscape*), reminiscent of various creatures and body organs in typical positions, are also linked with the topic of sexuality.

The theme of an abandoned shell is an evocation of corporeality by means of absenting the body. On a black background, a blade of grass covered with the desiccated shells of snails, whose sluggish life has been silenced once and for all (*Silence*), takes on cosmic dimensions in a close-up. Though a shell constitutes the remains of an animal, it is also an object – a jewel, which decorates a plant, or even a small piece of funerary architecture. The photographer evokes the illusion of dead bodies in *Slow Hand*. By means of penetration, the shells acquire a common – temporary – body and the human hand acquires strangely dull claws. In the photo *Melondrama* we encounter the motif of naturalistically opening apertures, representing the place of birth, delight, wounds, and the final resting place. The photo makes visual the signs of the "bodily fatigue" of the over-ripe fruit in the form of an old cut in the leathery rind of a melon.

The flower constitutes another important botanical category in Župník's work. It is on the one hand ornamentation, a "head," but also, indeed mainly, the reproductive organ of the plant. In some photos (*Art Nouveau*, *Homage to Tarkovsky*, and *Autumn Rose*) meditative associations predominate, but elsewhere strikingly sensual associations are paramount. The tulip, frozen at the moment it opens (*Temptation*), lures more than just bees into its fragrant darkness. With our eyes we uncover layers of tissue and penetrate inwards, where the emptiness and silence of the soft interior await us. The hint of the interior in the photograph offers an intense illusion of olfactory and tactile perceptions. In some places in the photographs of these "revived objects" it seems that unbounded joy is sparkling forth from an unusual discovery, together with the sweet trepidation of being reprimanded.

Grand Brittany and magical Spiš

The landscape filling the exteriors of Župník's imagery is infinitely empty, cloudy, and quiet. The "spirit of place" rises above the waters, changes them into another state, and, in the form of salty or sweet vapors, envelopes and permeates the scenery. These exteriors are especially festive and meaningful, like the white smoke from the chimneys of the Vatican that announce *Habemus Papam!* The large castle, set into the landscape (*Once Upon a Time*), is "wrapped in mourning clothes," as if a king or a queen had died, even though smoke is coming out of the chimneys. Like an ocean liner the castle sails majestically on

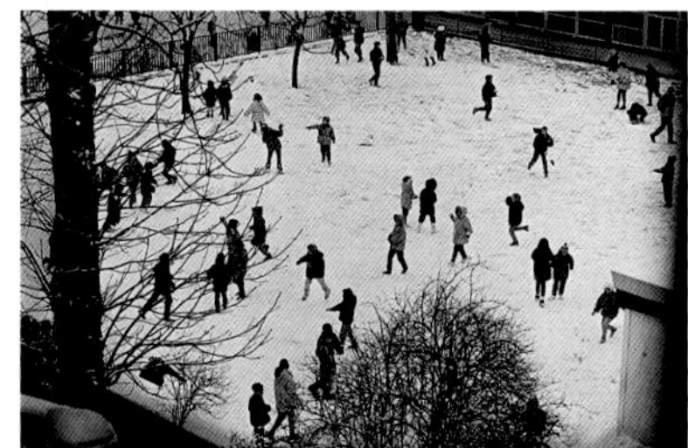

From the Window / Z okna,
Vanves near Paris, 1995

16

the stormy drapery. Buildings with smoking chimneys turn into ships (*And the Ship Sails On* and *Brittany Express*) or even machines that have been awakened and set in motion again (*The Flying Dutchman*).

This Romantic-Decadent depiction of the land, recalling scenes by the painter Caspar David Friedrich, stretches between raw, unapproachable Brittany and humble, almost sentimental Spiš. Whereas in Brittany the element of the water of a powerful ocean arouses fear, magical Spiš represents the profoundly sacred, meditative, and essentially intimate land, where, by a church in the distance, a small Christmas tree shines into the dark (*Christmas*). It is no coincidence that the Slovak photography critic Václav Macek once used the term "Spiš Surrealism" to describe Župník's work.[17]

The theme of the flâneur or pilgrim appears in the world of Župník's work mostly as a mere silhouette, a phantom roaming the countryside or the town, and it is always of the nature of personal mythology. The photographer projects his own misgivings into it, but also his longing for the nearness and solidarity of the family. The figure in *Prague Flâneur* is more like Ahasuerus, eternally wandering between Paris, Prague, and Levoča, his heels still smoking, but the paths trodden in the snow will never meet again (*Paths*). The spaces of the dark city create the exteriors for the theater of things. Just how intensively Župník perceives them is demonstrated in the set *Prague, Night Memory*. He later continued his wandering in magical Paris, but was inspired mainly by the utopian La Défense district. In the photograph *Night Flight*, a distant memory of the eponymous story by Saint-Exupéry, we see silhouettes of a man and a boy standing in front of a large aircraft. The architecture here is presented as a monstrous, technologically obsessed, organism moving on its own mechanical wings.

Dark and snow, light at the end of the tunnel

In the photo *Paris, Texas* the arc of a steering wheel provides a roof for a straight road, directing the viewer's gaze to white infinity. The ever-present experience of the encounter with death, the visual trace of which remains in Župník's work in the white color of the added pastel,[18] is to a certain extent brought up to date by linking the motifs of snow and starry sky as the things that are graspable (fragile and fleeting) and ungraspable (enduring, unimaginable).[19]

Snowflakes and stars in the sky spill over, change into points of light merging with drops on the lens and particles of dust on the film. In the photograph *Stairway to Heaven* the artist turns the perspective around and, as, for example, in Escher's drawings, makes unclear what is up and what is down. The glowing staircase thus leads to some galaxy in outer space, rather than to the dark river. Jan Skácel (1922–1989), in one of his poems, focuses on the "celestial" or "cosmic" origin of snow: "High over our heads grinds / The snow mill of straw."[20] Župník's photograph seems unconsciously to represent the visual association (which in Skácel is almost acoustic) of crushed stars. Or as Thierry of Chartres writes: "It can be clearly demonstrated that the bodies of the stars, as far as their matter is concerned, are made of water."[21] The snow-clad ship from the photograph *Time* is immobilized on "dry land." White on white. The snow that has fallen on it and has gently become bound to the ground all around, until what remains looks like something swept under a carpet.

A pale wing with two black spots, separated from the butterfly's body, is unable to fly – but in the absurdity of its being, it acquires a new dimension. It is too light to seem inert. The wing is looking. It was surely for a good reason that Župník decided to call this photograph *Self-portrait*. The moon as an infinitely cold, distant, heavenly body on the other hand is given the smiling face of a child, the photographer's son, Théodore (in the photo *Lunette*). The exceptional nature of Župník's work consists in his intuitively linking the simple, the fragile, the lovely, the homey, and the fleeting, with the timeless, the astounding, the somber, the magical, and the eschatological. It consists in his natural ability to turn the quotidian into a holiday, filling each and every day with festivity.

Lucia L. Fišerová

Notes

1   Josef Moucha, *Peter Župník: Světla*, Prague: Galerie České pojišťovny and Ateliér Josefa Sudka, 2004, no page numbers.

2   Peter Župník, "Krajiny citov." Dissertation, FAMU, Prague, 1986, quoted in Václav Macek, *Peter Župník*, Martin: Osveta, 1993, no page numbers.

3   By their form and placement in the picture, the illuminated tree trunk, for example, recalls a bride's gown and the tangle of forked flashes of lightning on the dark sky is like a negative of the structure of dried house plants placed before an illuminated window.

4   In his analysis of Župník's works, Macek focuses almost exclusively on the kind of relations between two parts of diptychs. See Václav Macek, *Slovenská imaginatívna fotografia 1981–1997*, Bratislava: Fotofo, 1998, pp. 38–41,

5   Daniela Mrázková and Vladimír Remeš, *Cesty československé fotografie*, Prague: Mladá fronta, 1989, p. 292.

6   The illuminated constellations, which are often based on the contrast of darkness and snow or a pale sidewalk, suddenly appearing from out of the darkness, are reminiscent of the gloomy aesthetic of *film noir*. The photos were published later in Eric Perrot, Michael Wellner Pospíšil and Peter Župník, *Peter Župník: Prague, mémoires nocturnes / Praha, paměti noci / Prague, Night Memories*, trans. Klara Notaro, Paris: Le Centre tchèque, 2003.

7   Petr Bubeníček, "Paříž je bludiště," *DigiFoto*, 2007, no. 3, p. 36.

8   Daniela Hodrová, *Na okraji chaosu*, Prague: Torst, 2001, p. 698.

9   Václav Macek, "Peter Župník u Řečických: Zdálky zblízka," *Dotyk*, 1999, no. 4, August–September, p. 9.

10 Here he made his first series of digital photographs (but with his typical added painting), called *My Eyes in Levoča* (2009).

11 Michal Pacina, "Soukromá pátrání: Peter Župník," *Fotografie*, 1991, no. 10, p. 17.

12 Concerning sensual experiences, Sartre wrote: "In fact the lemon is extended throughout its qualities, and each of its qualities is extended throughout each of the others. It is the sourness of the lemon which is yellow, it is the yellow of the lemon which is sour." Jean-Paul Sartre, *L'Etre et le néant* (1943), Paris: Gallimard, 1976 (*Being and Nothingness: An Essay on Phenomenological Ontology*, trans. Hazel E. Barnes. New York: Philosophical Library, 1956), p. 685.

13 The frequent symbolic or metaphorical titles of the photographs become one of the important means of expression in Župník's work. Photography, additional painting, and literary allusions thus create the three inseparable components of the construction of imaginary space in his works.

14 Susan Sontag, *On Photography*, (1973) New York: Picador (Farrar, Strauss and Giroux), 2001, pp. 52 and 51.

15 Ibid., p. 52.

16 Fedor Matejov, "Strážay, Štefan: Veciam na stole," *Slovník diel slovenskej literatúry 20. storočia*, Bratislava: Kalligram and Ústav slovenskej literatúry SAV, 2006, p. 388.

17 Macek, *Peter Župník*, no page number.

18 In Chinese culture, for example, white is the color of grief and death.

19   This is similar to how it appears in the works of the Slovak conceptual artists Rudolf Sikora, Dezider Tóth, and Michal Kern from the 1970s and 1980s.

20   "Vysoko nad hlavami skřípe/slaměný mlýnek na sníh." Jan Skácel, "Mlýnek na sníh," from the collection *Co zbylo z anděla* (1960), in J. Skácel, *Básně I*, Brno: Akcent–Blok, 1998, p. 74.

21   Thierry of Chartres, *Tractatus de sex dierum operibus* (mid-twelfth century), quoted in Václav Cílek, *Makom: Kniha míst*, Prague: Dokořán, 2004, p. 93.

Peter Župník: Clivota života

Poznámka na okraj

Nejednoznačnú povahu fotografií Petra Župníka si najlepšie uvedomíme pri takej prozaickej činnosti, akou je ich výber a radenie do publikácie. Chronologické usporiadanie týchto snímok podľa všetkého by nemalo veľký význam. Jednak preto, že v priestoroch jeho obrazov krúži mýtický čas, v ktorom sa autor neustále navracia k tomu istému. Fantaskné obrazy *detstva* prechádzajú do sublimovaného *erotizmu*, aby sa vnorili do mystéria *smrti* a znova sa vrátili na začiatok. Podľa slov fotografa a kritika fotografie Josefa Mouchu: „Župník vlastně hledá cestu zpátky: směřuje jednak ke svým východiskům, jednak proti proudu soudobé digitální revoluce.“[1] Časovú následnosť fotografií popiera aj samotný spôsob jeho tvorby. Medzi moment stlačenia spúšte a záverečné gesto domaľby sa vtesná niekoľko mesiacov či rokov, preto býva datácia vzniku fotografie zdvojená a umiestnenie na priamke času nejednoznačné.

Stavba knihy nakoniec rezignuje aj na zoskupenie fotografií na základe cyklov či žánrových alebo tematických okruhov. Peter Župník nepremýšľa konceptuálne, nemapuje fenomény, nevytvára uzavreté série. Jeho tvorba je intuitívna a rozpínavá, preto v istom zmysle neuchopiteľná a nediferencovateľná. Nielen plávanie časom a rozlievanie sa priestorom, ale aj prepúšťanie hranicami žánrov odráža autorove vizuálne uvažovanie. Zátišie je fragmentom krajiny a tá zase scénou pre oživenú architektúru. Plodmi a semenami presakujú telá, živé tvory sa transformujú v duchovné bytosti. Jednotlivé, príbehmi naplnené fotografie sa v rámci celej tvorby navzájom reťazia, čím vytvárajú nové univerzum spätne im prideľujúce nové vzťahy a významy. Architektúra, krajina, zvieratá, rastliny, zátišia i ľudské postavy tvoria jednotu a odhaľujú tak skrytú celistvosť sveta. Určite nie náhodou si autor už v obhajobe svojej diplomovej práce na FAMU v roku 1986 formuloval: „Rozdelili nebo na niekoľko častí a zabudli, že je len jedno...“.[2]

Štvorcový formát a neveľký rozmer oboch doposiaľ vydaných Župníkových knižných publikácií vyzývajú ku grafickému riešeniu dvojstrán ako fotografických diptychov. Poetika nachádzania zátiší zase nabáda, aby aj fotografie boli k sebe radené na základe vonkajšej podobnosti,[3] čo si osvojili obe spomínané knihy. Izolovaná dvojica fotografií však pôsobí vždy akosi fatálne – ako zdvojenie, protiklad, metafora, prirovnanie či symbol. Jedna fotografia hovorí druhou, protirečí jej, stupňuje ju alebo ubíja. Prílišná tvarová podobnosť bez pevnejšej vnútornej väzby často núti diváka zotrvávať na povrchu a znemožňuje mu nadviazať s obrazom hlbší vzťah.[4] Nakoniec sa teda autori monografie s vedomím tohto rizika vzdali lákavej možnosti upriamovať pozornosť adresáta na ľúbivé „kúzlo nechceného" a namiesto navodzovania mätúcich väzieb uprednostnili vyváženejšie „rozloženie síl" v obrazovej skladbe knihy.

Ovocný sad, korene a východiská

Autoportrét z roku 1985, jedna z prvých fotografií, v ktorých Peter Župník použil princíp domaľby, akoby sa stal nevedomky vizuálnym predznamenaním jeho budúceho vzťahu k predobrazovej realite. Autor v ňom stojí za rozložitým sadrovým hradom zdobiacim priestor záhrady. Na hlave má plechovú vežičku a vďaka svojej centrálnej polohe medzi vežami sám pôsobí ako živá súčasť tejto podomácky vyrobenej „marginálnej" architektúry. Dojem organického prepojenia stavby a figúry na čiernobielej fotografii umocňuje aj následné dokolorovanie. Hrad v záhrade sa nám môže javiť ako predmet banálny, neestetický, brakový. Z pozície dieťaťa alebo človeka, ktorý sa nikdy nestretol s pejoratívnym pojmom „záhradný gýč", však môže hrad pôsobiť ako magický, tajomný a veľkolepý. A práve túto ambivalentnosť vecí naznačuje Župník v mnohých svojich neskorších fotografiách. Nie je to vzťah poučeného pozorovateľa k objektu. Ide skôr o intuitívne stotožnenie sa s vecou „tu a teraz", o nasadenie vlastného tela a prestúpenie touto vecou. Kľúčový moment, kedy sa veselá póza mení v prirodzené gesto. Patetik by povedal: *tu je zakliata pravda.*

Peter Župník prežil svoje *detstvo* v sade. Jeho matka, pôvodom Češka, i otec, emigrant z Ukrajiny, sa venovali šľachteniu ovocných stromov. Snímky jabĺk pre šľachtiteľské účely patrili k jeho prvým fotografiám. Tento „mičurinovský" priestor záhrady-sadu, zasadený do prekrásnej prírody slovenského Spiša, sa idylickosťou blížil obrazu raja. Župník si ho raz osvojil a už navždy sa v ňom udomácnil. Určite nebude omylom hľadať zdroje jeho celoživotnej fascinácie prírodou v jej najsubtílnejších i najveľkolepejších formách práve tu. Koniec koncov, v súvislosti s počiatkami svojej tvorby si raz sám poznamenal: „Bolo to veľmi dávno. Svietilo slnko, na jednej strane Tatry, na druhej Rudohorie. Doma čiernobiele mačky a divotvorný Spiš okolo. To stačí, nie?"[5]

Trajektória jeho pohybu životom dostáva v priebehu času transeurópske súradnice. Po absolvovaní umeleckej priemyslovky v Košiciach odchádza do Prahy. Tá ho na dlhý čas, presahujúci jeho šesťročné štúdium na FAMU, absolútne pohltí. Študent zo slovenského vidieka v nej hľadá a nachádza paradoxne nie to romantické a pulzujúce, ale predovšetkým to skryté a potichu slávnostné – akési medzery v bytí, objavované najmä pri nočných potulkách prázdnymi ulicami, ktoré fotografuje „bleskovými očami". Neskôr ich zhrnul v publikácii *Praha, paměti noci*.[6]

Jednou z prvých rán osudu, čo dodali Župníkovmu životu a i jeho tvorbe existenciálny ráz, bola jeho klinická smrť v roku 1984. Po týždni vysokých horúčok sa náhle dostavil transcendentný vnem: záplava ohromujúceho svetla, pocit oslobodenia duše, blaženej levitácie a napokon vedomý návrat do chorého tela s jedinou myšlienkou: „Ešte som neurobil TÚ fotografiu." Celá jeho ďalšia tvorba je poznamenaná týmto mystickým zážitkom a v istom zmysle aj záväzkom. Vo viacerých rozhovoroch sa zmieňuje o hľadaní obrazu, fotografie, ktorá na neho ukrytá ešte čaká; „...stále hľadám prapôvodný obraz, neexistujúcu krásu."[7] Okolo osudného roku 1984 začína aj s domaľbami – viac či menej jemnými zásahmi olejovým pastelom do obrazu. Tie potom definitívne posúvajú fotografie za hranicu reality a dodávajú im akési nezávislé bytie. Premieňajú predmet pred objektívom „... z púheho, na pozorovateľovi nezávislého objektu ,ľahostajnej' hmoty, vo vec ako výsledok interakcie medzi pozorovateľom a vecou, v novým spôsobom magickú vec."[8]

Praha sa nakoniec nestane autorovou konečnou stanicou. V roku 1989 sa žení, no ešte predtým odchádza s budúcou manželkou na výlet do Paríža. Francúzska metropola učaruje Beáte Župníkovej natoľko, že tu začína študovať medzinárodné právo a po narodení ich prvého dieťaťa v roku 1994 sa v Paríži obaja natrvalo usádzajú. Avšak Paríž predstavuje pre Župníka skôr než tvorivú inšpiráciu hrozivý labyrint, územie priestorového i jazykového chaosu, ktorý nikdy úplne neovládne. Istý „vonkajší" azyl mu poskytuje nespútaná príroda Bretónska a Normandie, ktorá ho napriek vzdialenosti akoby prinavracala späť na rodný Spiš. Župník si však začína vytvárať aj iný druh azylu. „Vnútorný" azyl rodinného kruhu s tromi malými deťmi, s ktorými zostáva doma namiesto zamestnanej manželky. Strata možnosti nezáväzného pohybu ho núti sústrediť pozornosť na veci z najbližšieho okolia – kuchyňa, park, trh s ovocím a zeleninou. Nemôže ísť ďalej, tak prichádza bližšie. Skúma veci všedného dňa detskými očami. „Aj malý priestor má svoje nekonečno."⁹ V tomto období vzniká cyklus *Malé veľké veci* plný láskavého, vtipného *erotizmu*, transformujúceho ľudský model zmyselnosti do botanických kategórií. I tento „súbor" je v rámci jeho tvorby len výsledkom jemnej zmeny uhlu pohľadu – autor sa stále díva na rovnaké veci, len detailnejšie a skúmavejšie. Stále viac tak, ako na jablká v spišskom sade.

V priveľmi čerstvých miestach, kam ešte nesiahajú záznamy teoretikov, sa v jeho životnom príbehu rozprestiera slepá škvrna. Manželstvo sa po pätnástich rokoch rozpadá a končí komplikovaným rozvodom, z ktorého sa Župník dlhý čas spamätáva. Čoraz častejšie opúšťa Paríž. Útočisko, ako aj obrazovú inšpiráciu hľadá opäť na Spiši, v rodnej Levoči, ktorú dovtedy, podľa vlastných slov, nikdy veľmi nefotografoval.¹⁰

Priestormi Župníkových obrazov krúži čas, ktorý rozvíril, čo malo pokojne plynúť: *detstvo*, ktoré „ešte trvá", *smrť*, ktorá „už bola", *lásku a erotizmus*, ktoré sú, a predsa nie sú. Všetko sa deje súčasne a každá fotografia má svoju plnú spoluúčasť na tomto celku, podobne, ako každá zrkadlová črepina odráža celistvý obraz pôvodného zrkadla.

Župník a tí druhí

Generačné zoskupenie *slovenská nová vlna* rozčerilo v polovici osemdesiatych rokov 20. storočia svojím pôsobením na pražskej FAMU dovtedy pokojné vody československej výtvarnej fotografie. Napriek tomu, alebo možno práve preto, že nešlo o organizovanú skupinu s vytýčeným programom, ich pomerne jednotný vizuálny jazyk, charakterizovaný „odľahčením" žánru aktu a zátišia, predstavoval jeden z prvých prejavov fotografickej postmoderny v Československu. Inscenácia reality, naratívnosť a metaforickosť, fragmentácia tela a jeho odtabuizovanie ironickými vizuálnymi či textovými komentármi, technologický eklekticizmus využívajúci postupy vlastné výtvarnému umeniu (koláž, montáž, domaľby...) – toto všetko vytváralo z fotografií *Mira Švolíka, Ruda Prekopa, Tona Stana, Kamila Vargu, Vasila Stanka, Petra Župníka* či *Jana Pavlíka* príklady nového obrazového diskurzu par excellence.

Teoretici fotografie a novinári často zdôrazňujú Župníkovu jedinečnosť a isté „outsiderstvo" v porovnaní s ostatnými členmi *slovenskej novej vlny*. Aj keď majú v princípe pravdu, nemá väčší význam to zdôrazňovať – práve preto, že spoločný výtvarný jazyk nebol nikdy pre týchto fotografov zámerom, a teda ani

osobitý Župníkov štýl nemôže znamenať žiadne „vybočenie". Okrem spoločných časopriestorových východísk ho s ďalšími predstaviteľmi viaže istá hravosť
v prístupe k fotografovanému, mechanická manipulácia s pozitívom a konečné
pitoreskno-zádumčivé vyznenie fotografií. Peter Župník sa však, na rozdiel od
ostatných, neuspokojuje so zdrojmi vlastnej imaginácie. Otvára jej široké pole
v reálnom svete, kam ju necháva prenikať až do jeho najhlbších pórov.

Vďaka tomuto záujmu o reálny svet sa často – a veľmi nepresne – interpretuje jeho prístup ako „dokumentárny" práve v zmysle akéhosi protikladu
k výrazu „inscenovaný". Jeho tvorba však s dokumentárnou fotografiou (a to ani
s tzv. subjektívnym dokumentom) nemá z obrazového hľadiska nič spoločné.
Z toho, čo vidí okolo seba, cielene zachytáva príliš málo na to, aby tým čokoľvek
„dokumentoval". Preto rád fotografuje v prítmí, zblízka alebo s malou hĺbkou
ostrosti. Cez zobrazovanú skutočnosť presvitá iný svet – surreálny, pričom
nad-realita je v tomto prípade skôr intuitívnym autorským rukopisom, než vedomou odvolávkou na umelecký smer. Autor sa od reality pred objektívom iba
odráža. Skutočnosť mu slúži ako surový materiál pre stavbu imaginácie, avšak
proces jej konštrukcie už posúva do mysle diváka.

Na obrazoch Petra Župníka chýba dej či okamžitá situácia, dokonca sa
tam takmer nestretneme ani s reálnou postavou. Namiesto človeka nachádzame
jeho prítomnosť či absenciu, namiesto tela jeho túžbu. Človek je v Župníkových
fotografiách vždy ten istý, vždy jeden. On sám.

Moment vstupu

Nepoučeného diváka môže pri týchto fotografických obrazoch prekvapiť ich
zdvojená datácia. Prvý časový údaj označuje rok vzniku negatívu, druhý dokladá rok vytvorenia konkrétnej fotografie s autorským zásahom. Medzi dvomi
medzníkmi sa rozprestiera more času. Vzťah fotografie ku skutočnosti sa týmto posunom problematizuje: v jednom momente autor skutočnosť zachytáva
a v druhom ju zase „púšťa" smerom k pôvodnému obrazu, ktorý videl *za* skutočnosťou a kvôli ktorému stlačil spúšť. Domaľbou priamo do pozitívu čiernobiele
fotografie naoko „odklína", ale v skutočnosti je to realita na druhú, sen o tom,
čo sa nám už raz snívalo („prežívam prežité"[11]). Zmrazený a zakonzervovaný dej
fotografického obrazu sa dotykom farby znovu uvedie do pohybu, avšak zároveň nepatrne pozmení svoj smer.

Maliarskymi vstupmi Župník niekedy kamufluje stopu pohybu, aká zostáva pri fotografovaní s dlhou expozíciou (*Bludný Holanďan*), inokedy objektom sugeruje ľahkosť a efemérnosť (odkvitajúce púpavy v *Pocte Tarkovskému*), na inom mieste vizualizuje a poetizuje fyzikálne vzťahy (fotografia psa „vrastajúceho" do asfaltu je výtvarným zhmotnením gravitačnej sily zeme – *Stabilita*). V ďalších obrazoch necháva prežarovať predmetmi mystické svetlo alebo mu umožňuje rozpínať sa okolo nich (*Opona, Chryzantémy, Genesis...*), inde veci spriezračňuje maľovaním priamo cez ne (*Cestičky*). Svoje hlboko elegické krajinárske snímky zase obostiera dymom a parou (*Rozhovor s vetrom*). Akoby autor fotografií nachádzal skrytý zmysel v zahaľovaní a znejasňovaní, aby následne umožnil predmetom zablysnúť sa a zažiariť – vynoriť sa z pozadia, ako sa vynárajú po rokoch z autorovej mysle. Zlovestné oblaky doslova omotávajúce krajinu (*Jemný dotyk, Vianoce*) dodávajú vrstve farby hĺbku atmosferického priestoru – zhmatateľňujú a zhmotňujú fotografiu maliarskym gestom.

Do fotografií, kde je to významovo podložené, autor pridáva i sýtejšie farby. Uhorkové *Veľryby* veselou zelenou premiestnil z morských vôd do skvaseného rybníka zaváraninovej fľaše, v snímke *Chýbaš mi* hruškám naznačil ich žltkastú mäkkosť a sladkosť.[12] V niektorých prípadoch prechádza domaľba do nezáväznej hry so štruktúrou obrazu (*Psí deň*), inde zase nadobúda výrazne metaforizujúci účinok (rozplamenené prsty v *Kuchynskej prísahe*).

Mýtický čas, uzamknutý v každej jednej fotografii je ohraničený dvomi vrstvami – fotografickou a maliarskou. A my, diváci, vstupujúc do obrazov pohľadmi zvonku, dodávame im čas tretí, čas našich očí.

Duch a levitácia

Dotýkanie sa duchovna je pre autora spôsobom, ako sa vysporiadať s naliehavou materiálnosťou zobrazovaných vecí. Župníkov prístup má zvláštny efekt – čím bližšie ide k predmetu, tým viac, paradoxne, mizne opisnosť, banalita a doslovnosť. Predmet sa otvára, „vyjavuje" a tým viac dostávajú nenápadné motívy hlbší a všeobecnejší zmysel. Tomuto napomáhajú práve maliarske vstupy, ktoré transformujú miesta a v nich veci a zvieratá do tajuplných priestorov plných čudesných bytostí.

S autorovým zážitkom medznej situácie na hranici dvoch svetov súvisí častý motív *smrti a zosnulých*. Mimoriadne sofistikovaným náznakom „posledných vecí" je fotografia *Chryzantémy*. Motív kvetín videných z podhľadu, z pozície lúčneho škriatka predierajúceho sa medzi stonkami kvetov, pripomína rozprávku. Autor sa však s našou imagináciou pohráva ďalej – prostredníctvom názvu.[13] Chryzantémy ako „dušičkový" atribút automaticky určujú divákov postoj nielen voči nim, ale aj voči jeho samotnej existencii na svete. Spirituálnym priestorom zastrešeným hustými lupeňmi chryzantém sa zhora derie svetlo – táto krehká hranica je však inak nepreniknuteľná, sféry sú uzavreté.

Jednou z metafor sveta v Župníkových fotografiách je bojisko *anjelov s démonmi*. Podobu týchto nadprirodzených bytostí často vytvára alegorizovaním zvierat – najčastejšie *čiernej mačky*, ktorá sa stáva symbolom temného, tajomného, zlého, evokuje neidentifikovateľnú hrozbu alebo len dáva tušiť nepokoj. Autor ju mení v démona (*Dobro a zlo*), nebezpečného kuchynského dravca (*Mačka, ktorá chcela byť tigrom*) či ostražitého skokana (*Teraz*). Z neurčitého pozadia vystupujú ostré detaily – oko, fúzy, zuby, či elegantná silueta (*Silueta*). Nemý pozorovateľ vecí – *Le Chat Noir* sa vynára z tmy ako Mačka Škľabka v príbehoch Alice v krajine zázrakov. Mačka autora fascinuje, ale zároveň v ňom vzbudzuje rešpekt. Mačacia tvár je takmer jediná, ktorá sa nám zo Župníkových fotografií díva do očí.

Tieto snímky však obývajú aj iné rozprávkové či mýtické bytosti: víly (*Dobro a zlo*), upíri (*Ples upírov*), anjeli v podobe ľudskej postavy („padlý anjel" *Ikaros*), v podobe dalmatínca s trblietavou aureolou okolo hlavy (*Anjel pes*) či husí (*Husi strácajú len perie*). Práve táto fotografia z roku 1981, ktorá sa ocitla i na obálke Župníkovej predchádzajúcej monografie, je skvelou ukážkou vrstvenia viacerých významových rovín. Na tmavej ploche nad skupinou sediacich husí necháva autor levitovať biele škvrny, na prvý pohľad pripomínajúce páperie, ktoré však planúcou substanciou evokujú skôr bludičky v krajine. V prenesenom význame (a vnímané v kontexte celej jeho tvorby) svetlom ožiarené husi zastupujú duchov či anjelov a biele škvrny začínajú nadobúdať sakrálny význam aureoly. Ich umiestnením jednotlivo nad hlavami husieho spoločenstva nám zobrazenie následne pripomenie v sakrálnom maliarstve obľúbený motív zoslania Ducha svätého, ktorý sa nad skupinou apoštolov zjavuje v podobe ohnivých jazykov.

Charakteristický pre nadpozemské sféry je i stav *levitácie*. Na Župníkových obrazoch sa vznášajú nielen oblaky, duchovia a vtáci, do pohybu sa dáva dokonca aj svet vecí – paprika pláva ako *Vesmírny koráb*, na stole pristáva gaštan. Škvrny na srsti dalmatínca z fotografie *Psí deň* sa odchlipujú ako zle nalepený dekor a vznášajú sa smerom nahor, kde splývajú s hlavami chodcov. Efemérny a takmer nehmotný fotografický obraz dostáva „osýpky" maliarskeho tela, aby ho zbavili závislosti na skutočnosti. *Oklamaná ryba* s ľahkosťou preráža okennú tabuľu i povrch fotografie – akoby jej let bol niečím prirodzeným, len pristátie bolo nepremyslené. *Srdce* stúpa nad rozbitým tanierom. A my tento svet plávajúci v povetrí nemo pozorujeme, podobne ako hrdinovia slovenského filmu Martina Šulíka *Záhrada* (1995) levitujúce dievča v záverečnej scéne. A máme chuť povedať spolu s filmovou postavou: „Konečne je všetko tak, ako má byť."

Čo sú to vlastne za veci? Topos kuchyne

„Čo by mohlo byť surreálnejšie než objekt, ktorý s minimálnym úsilím tvorí sám seba?"[14] pýta sa americká esejistka Susan Sontagová vo svojej publikácii *O fotografii*. Na inom mieste výstižne tvrdí: „Fotografia je jediným umením, ktoré je vo svojej podstate surreálne."[15] Predmet na Župníkových fotografiách nie je iba kulisa, proprieta, atribút. Je vecou – súcnom. Vyňatý z bežného kontextu funguje sám za seba, pričom svoju pôvodnú funkčnosť obrazovo presahuje. Prechádzka v Župníkových krajinách a interiéroch by sa dala nazvať stretnutím s *oživenými predmetmi* a *umŕtvenými bytosťami*. Kožušinovým golierom (*Bájky*), zaveseným na zrkadle, autor opäť vdýchol líščieho „ducha"; ploché srstnaté „telá", oživené oranžovým odtieňom, končia na fotografii vo svojej polovici, aby zatajili, že sú iba kúskom garderóby. Živé-neživé vtáky (*Pozorovatelia*) nehybne pozorujú okolie vnorené do tmy. Ponuré stretnutie vtáčich siluet sa odohráva len vo vypreparovanom svete kabinetu biológie, ale my sme schopní uveriť, že o polnoci vypchatá fauna zázračne ožíva. Preto by sa azda usporiadanie predmetov tohto druhu skôr než *nature morte* dalo nazvať *stilleben* – tichý, stíchnutý život.[16]

Vo svojej podstate banálny priestor *kuchyne* – častý topos Župníkových fotografií – býva miestom, kde padne mnoho závažných životných rozhodnutí. Autor v *Kuchynskej prísahe* zapaľuje na spôsob plynového zapaľovača dva vztýčené prsty mihotavým modravým plamienkom. Dramatické osvetlenie scény s odrazmi na vyleštenom kuchynskom náčiní dodáva celej situácii zvláštnu vznešenosť až sviatočnosť, nie nepodobnú rozžiarenému chrámu, ktorý je svedkom manželského sľubu. Kuchyňa je však zároveň i miestom mystérií: kuchynskej alchýmie a archeológie, premien skupenstva, arcimboldovských stretnutí na kuchynskom stole a následných bakchanálií. Motívy zaprášených zaváranín a iných nádob plných podivuhodných tvorov nadnášaných v kvapaline (*Prehistorické sny*, *Veľryby*, *Fosília*), zachytávaných s takmer vedeckým záujmom, posúvajú umelecké fo-

28

tografie do oblasti paleontológie, botaniky, zoológie či dokonca antropológie. Rastliny, ovocie či zelenina predstavujú objekty na pomedzí predmetnosti. Vyňaté z kontextu prírody, kde rástli a padali, stávajú sa zátišiami.

Veľké témy, ako na fotografiách *Zrodenie, Dobro a zlo*, ostro, miestami až rúhavo kontrastujú s jednoduchosťou subtílnych objektov, navracajúcich nás – nazerané skúmavou optikou – do čias detstva. Tenký rez okrúhlou dyňou na snímke *Genesis* sa prostredníctvom svetla prenikajúceho dužinou mení na žeravé vesmírne teleso. Sme zneistení, či sa dívame objektívom astronomického ďalekohľadu do vesmírnych diaľok alebo mikroskopom na vajíčko s krúžiacimi spermiami čiernych jadierok. V týchto núkajúcich sa spletiach asociácií sa v rámci jednej fotografie prekrýva mikrosvet s makrosvetom.

Erotizmus nakladanej uhorky

Téma *erotiky* a vôbec korporality so všetkými súvislosťami sprevádza celú autorovu tvorbu a celkom prirodzene zasahuje do prvotných detských predstáv i do zrelých úvah o nerozpojiteľnosti tela a ducha. Naliehavú predstavu telesnosti vyvolávajú v autorovi často rastlinné plody a živočíšne schránky. Gaštan z fotografie *Easy Rider*, premenený na malý lunochod, ktorý práve pristál na stole, znovu privoláva detskú akusticko-haptickú fascináciu lesklou „pokožkou" ešte vlhkého, dotykom nepoznamenaného gaštana, ktorý sme počuli padnúť a rozpuknúť sa. Živočíšnosť jeho rastlinného tela, ako aj neha, s akou sa dotýka vrcholkami bodlín plochy stola, má v sebe niečo elementárne zmyselné. Hľadiac na mokrú zavalitosť a nemotornosť bradavičnatých tiel zelených uhoriek (*Veľryby*), plávajúcich lenivo v kyslom náleve, intenzívne pociťujeme pripomienku prírodovedného laboratória s bankami naliatymi formaldehydom uchovávajúcim tkanivá pre vedecké účely. Na druhej strane nadnášanie v nádobe (dutine) naplnenej (plodovou) vodou môže fungovať aj ako symbol zrodu, čím zobrazenie prechádza od postmortálneho k prenatálnemu. V neposlednom rade sa s tematikou pohlavnosti viaže tiež séria zmyselne zaoblených paprík (*V hrsti, Maltézsky sokol, Toto nie je slon* či húb – *Moja krajina)*, pripomínajúcich rozmanité tvory a telesné orgány v príznačných polohách.

Evokáciou telesnosti prostredníctvom absencie tela je motív opustenej schrány. Steblo trávy na čiernom pozadí oblepené obschnutými slimačími ulitami (*Ticho*), v ktorých navždy zmĺkol rozvláčny život, dostáva v detailnom pohľade kozmické rozmery. Ulita je pozostatkom živočícha, avšak zároveň aj predmetom – šperkom, ktorý zdobí rastlinu, či dokonca akousi drobnou pohrebnou architektúrou. Ilúziu zaniknutých tiel autor navodzuje vo fotografii *Pomalá ruka*. Penetráciou dostávajú ulity spoločné – dočasné – telo a ľudská ruka podivne tupé pazúry. S motívom naturalisticky sa roztvárajúcej štrbiny, ktorá predstavuje miesto zrodu, rozkoše, rany i posledného spočinutia, sa stretávame na snímke *Melondráma*. V podobe starého zárezu v kožovitej šupe melónu vykazuje prezreté ovocie zároveň známky „únavy tela“.

Ďalšiu významnú botanickú kategóriu predstavuje u Župníka *kvet*, ktorý je na jednej strane okrasou, „hlavou“, no zároveň, a predovšetkým, pohlavným orgánom rastliny. Na niektorých snímkach prevažujú meditatívne asociácie (*Art Nouveau, Pocta Tarkovskému, Jesenná ruža*), inde však asociácie výrazne zmyselné. Pootvorený tulipán, zmrazený v okamžiku rozpuku (*Pokušenie*), láka do voňavej temnoty svojho stredu nielen včely. Očami rozkrývame vrstvy tkaniva a prenikáme dovnútra, kde čaká prázdno a ticho mäkkého interiéru. Jeho náznak na fotografii poskytuje intenzívnu ilúziu čuchového a hmatového vnemu. Miestami sa zdá, akoby z fotografií týchto „oživených predmetov“ vanula neviazaná radosť z neobvyklého objavu a súčasne sladká obava z pokarhania.

Veľkolepá Bretagne a divotvorný Spiš

Krajina vypĺňajúca exteriéry Župníkovej obraznosti je nekonečne pustá, oblačná a tichá. „Duch miesta“ sa vznáša nad vodami, mení ich skupenstvo a v podobe slaných či sladkých pár obaľuje a prestupuje scenériu. Sú zvláštne slávnostné a významuplné, podobne ako biely dym z vatikánskeho komína oznamujúci *Habemus papam!* Rozľahlý hrad, zasadený do krajiny (*Kde bolo – tam bolo*), je na fotografii „obtiahnutý čiernym súknom“, akoby zomrel kráľ, aj keď z komínov sa dymí... Po rozbúrenej drapérii pláva vznešene ako zaoceánsky parník. Budovy s čmudiacimi komínmi sa menia v lode (*Bretaňský expres, A loď pláva*) a prebudené stroje (*Bludný Holanďan*) sa dávajú opätovne do pohybu.

Táto romanticko-dekadentná podoba krajiny, pripomínajúca maliarske výjavy Caspara Davida Friedricha (1774–1840), sa rozprestiera medzi surovou a neprístupnou Bretagne a pokorným, až dojímavým Spišom. Pokiaľ v Bretagni dominuje vodný živel hrozivého oceánu vzbudzujúceho bázeň, divotvorný Spiš predstavuje hlboko sakrálnu, meditatívnu a vo svojej podstate intímnu krajinu, kde v diaľke pri kostole svieti do tmy malý vianočný stromček (*Vianoce*). Nie náhodou použil kedysi slovenský kritik fotografie Václav Macek v súvislosti so Župníkovou tvorbou práve pojem *spišský surrealizmus*.[17]

Motív *chodca* či *pútnika* sa v tomto svete objavuje väčšinou len ako silueta, fantóm túlajúci sa krajinou alebo mestom a má vždy charakter osobnej mytológie. Autor fotografií doňho premieta vlastné pochybnosti, ale aj túžbu po blízkosti a súdržnosti rodiny. *Pražskému chodcovi* – Ahasverovi blúdiacemu medzi Parížom, Prahou a Levočou sa ešte „dymí za pätami“, ale dva chodníčky, vyšľapané v snehu (*Cestičky*), sa už navzájom navždy míňajú. Priestory tmavého mesta tvoria exteriéry pre divadlo vecí. To, ako intenzívne ho vníma, dokázal Peter Župník v už spomínanom súbore *Praha, paměti noci*. Vo svojom blúdení neskôr pokračuje v magickom Paríži, inšpirovať sa však necháva predovšetkým utopickou štvrťou La Défense. Vo fotografii *Nočný let*, ktorá je vzdialenou pripomienkou príbehu Saint-Exupéryho, vidíme siluety muža a chlapca stojacich pred veľkým lietadlom. Architektúra je tu podaná ako obludný technicistný organizmus pohybujúci svojimi mechanickými krídlami.

Tma a sneh, svetlo na konci tunela

Na snímke *Paríž, Texas* zastrešuje oblúk volantu rovnú vozovku, navigujúcu pohľad diváka do bieleho nekonečna. Neustále prítomný zážitok stretnutia so smrťou, ktorého vizuálnou stopou zostala v Župníkovej tvorbe belavá farba domalieb,[18] sa do istej miery aktualizuje v prepojení motívov *snehu* a *hviezdnej oblohy* ako uchopiteľného (krehkého a pominuteľného) a neuchopiteľného (večného, nepredstaviteľného).[19]

Snehové vločky a hviezdy na oblohe sa presýpajú, menia sa v svetelné body splývajúce s kvapkami na objektíve a čiastočkami prachu na filme. Na fotografii *Schody do neba* autor otáča perspektívu a podobne ako v Escherových zrakových klamoch znejasňuje, čo je hore a čo je dole. Rozžiarené schody tak namiesto k tmavej rieke vedú kamsi do vesmírnej galaxie. Básnik Jan Skácel (1922–1989) v jednej zo svojich básní upriamuje pozornosť na „nebeský“ respektíve „vesmírny“ pôvod snehu: „Vysoko nad hlavami skřípe / slaměný mlýnek na sníh“.[20] Župníkova fotografia akoby nevedomky predstavovala vizuálnu asociáciu (u Skácela až „akusticky“) rozdrvených hviezd. „Že jsou těla hvězd co do své látky vytvořena z vod, lze dokazatelně prokázat.“[21] Zasnežená loď z fotografie *Čas* je znehybnená „na suchu". Biela na bielej. Sneh napadaný na nej i všade okolo nej ju mäkko pribíja k zemi, ako keď niečo zametieme pod koberec.

Bledé krídlo s dvomi čiernymi bodmi, oddelené od zvyšku motýlieho tela, nevládze lietať – v nezmyselnosti svojho bytia však nadobúda nový rozmer. Je príliš ľahké na to, aby pôsobilo bezvládne. Krídlo sa díva. Iste nie je náhoda, že i túto fotografiu nazval Peter Župník *Autoportrétom*. Mesiac ako nekonečne chladné a vzdialené nebeské teleso dostáva zase usmiatu tvár dieťaťa – autorovho syna Théodora (*Mesiačik*). Výnimočnosť Župníkovej tvorby spočíva v intuitívnom prepájaní jednoduchého, krehkého, milého, domáckeho a letmého s nadčasovým, ohromujúcim, potemnelým, magickým a eschatologickým.

V prirodzenej schopnosti zo všednosti urobiť sviatok a sviatočnosťou naplniť každý jeden deň.

Lucia L. Fišerová

Poznámky

1 Moucha, Josef: *Peter Župník. Světla*, Praha, Galerie České pojišťovny a Ateliér Josefa Sudka 2004, nestránkované.

2 Župník, Peter: *Krajiny citov*, diplomová práca FAMU, 1986, citované podľa: Macek, Václav: *Peter Župník*, Martin, Osveta 1993, nestránkované.

3 Osvetlený kmeň stromu napríklad pripomína tvarom a umiestnením v obraze sukňu nevesty; spleť rozkonárených bleskov na tmavej oblohe je akoby negatívom štruktúry suchých izbových rastlín postavených pred svetlé okno.

4 Václav Macek sa pri rozbore Župníkovho diela v publikácii *Slovenská imaginatívna fotografia 1981–1997*, Bratislava, Fotofo 1998, s. 38–41, zameriava takmer výlučne na typ vzťahu medzi dvomi časťami diptychov.

5 Mrázková, Daniela & Remeš, Vladimír: *Cesty československé fotografie*, Praha, Mladá fronta 1989, s. 292.

6 Z tmy sa zjavujúce, náhle osvetlené konštelácie, často založené na kontraste tmy a snehu či bledého chodníka, pripomínajú touto trúchlivou estetikou *film noir*. Fotografie vyšli neskôr v publikácii Perrot, Eric & Wellner Pospíšil, Michael & Župník, Peter: *Prague, mémoires nocturnes / Praha, paměti noci / Prague, Night Memoires*, Paris, Le Centre tchèque 2003.

7 Bubeníček, Petr: Paříž je bludiště, *DigiFoto*, 2007, č. 3, s. 36.

8 Hodrová, Daniela: *Na okraji chaosu*, Praha, Torst 2001, s. 698.

9 Macek, Václav: Peter Župník u Řečických. Zdálky zblízka, *Dotyk*, 1999, č. 4, srpen–září, s. 9.

10 Realizuje tu svoj prvý súbor digitálnych fotografií (ale s typickými domaľbami), ktorý nazýva *Moje oči v Levoči* (2009).

11 Pacina, Michal: Soukromá pátrání. Peter Župník, *Fotografie*, 1991, č. 10, s. 17.

12 Jean-Paul Sartre v súvislosti so zmyslovými zážitkami píše: „Citron se celý rozprostírá do svých kvalit a každá z jeho kvalit celá prostupuje každou jinou. Kyselost citronu je žlutá a žluť citronu je kyselá." Sartre, Jean-Paul: *Bytí a nicota*, s. 685, citované podľa: Merleau-Ponty, Maurice: *Svět vnímání*, Praha, OIKOYMENH 2008, s. 28.

13 Často symbolické alebo metaforické názvy fotografií nadobúdajú u Petra Župníka dôležitosť výrazového prostriedku. Fotografia, domaľba a literárna skratka tak tvoria tri neoddeliteľné zložky výstavby imaginatívneho priestoru jeho tvorby.

14 Sontagová, Susan: *O fotografii*, Praha–Litomyšl, Paseka 2002, s. 52–53.

15 Sontagová, Susan: tamtiež, s. 52.

16 Matejov, Fedor: Strážay, Štefan: Veciam na stole, in: *Slovník diel slovenskej literatúry 20. storočia*, Bratislava, Kalligram a Ústav slovenskej literatúry SAV 2006, s. 388.

17 Macek, Václav: *Peter Župník*, Martin, Osveta 1993, nestránkované.

18 Biela farba je napríklad v čínskej kultúre farbou zármutku a smrti.

19 Podobne, ako sa to objavuje v tvorbe slovenských konceptualistov Rudolfa Sikoru, Dezidera Tótha či Michala Kerna v 70. a 80. rokoch.

20 Skácel, Jan: Mlýnek na sníh, zo zbierky: *Co zbylo z anděla* (1960), in: Jan Skácel. *Básně I*, Brno, Akcent–Blok 1998, s. 74.

21 Thierry zo Chartres: O stvoření světa, citované podľa: Cílek, Václav: *Makom. Kniha míst*, Praha, Dokořán 2004, s. 93.

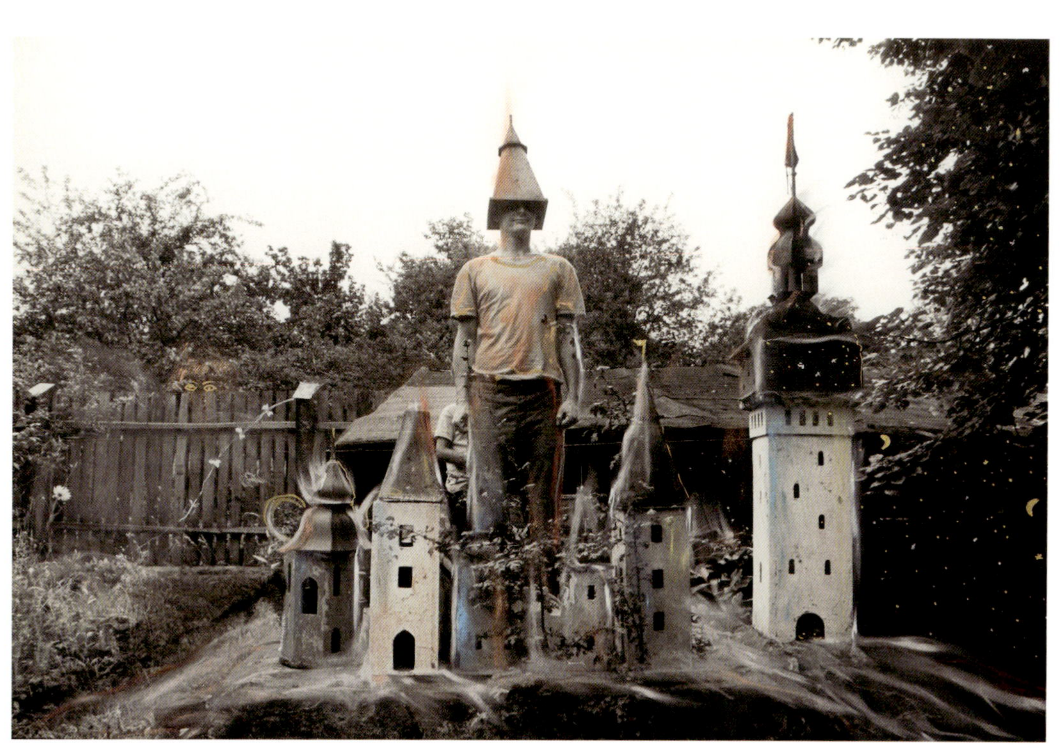

1 **I Like Fairy Tales / Mám rád rozprávky** 1985–2002

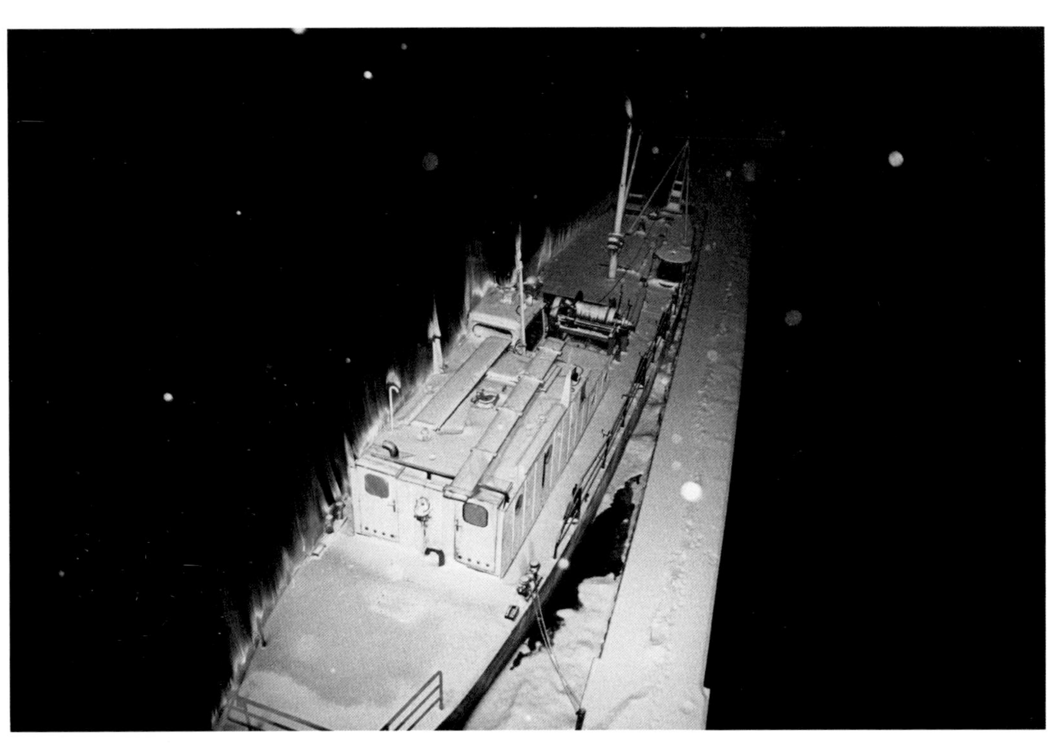

2 **The Flying Dutchman / Bludný Holanďan** 1986–1989

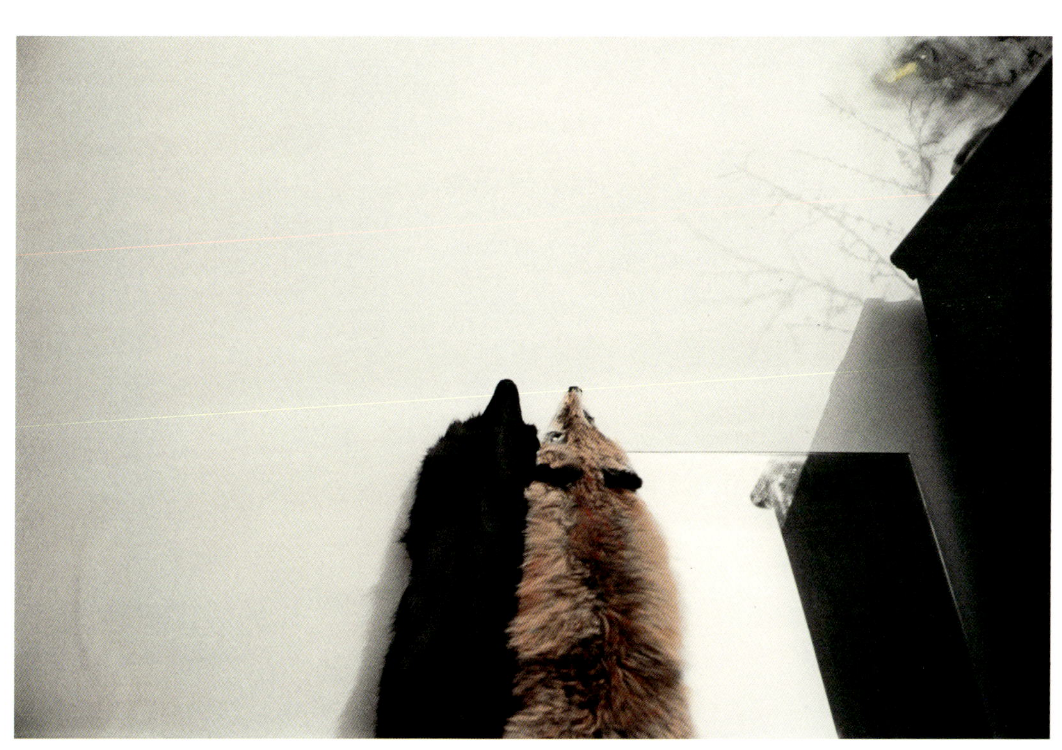

3 **Fables / Bájky** 1986–1990

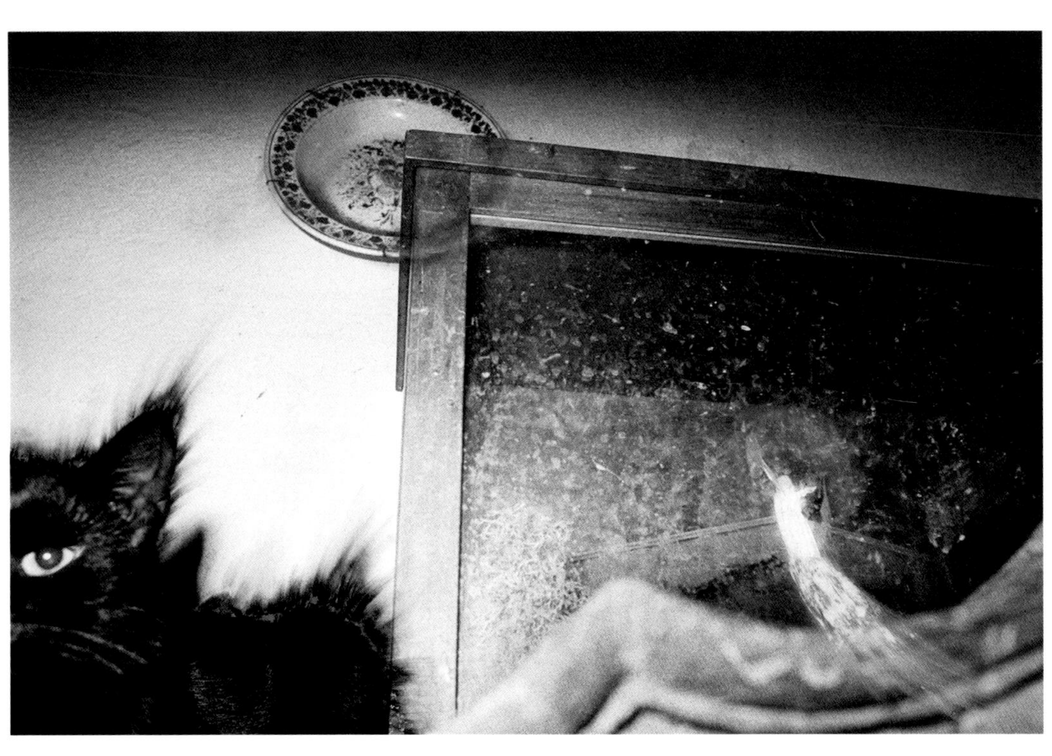

4 **Good and Evil / Dobro a zlo** 1985–1989

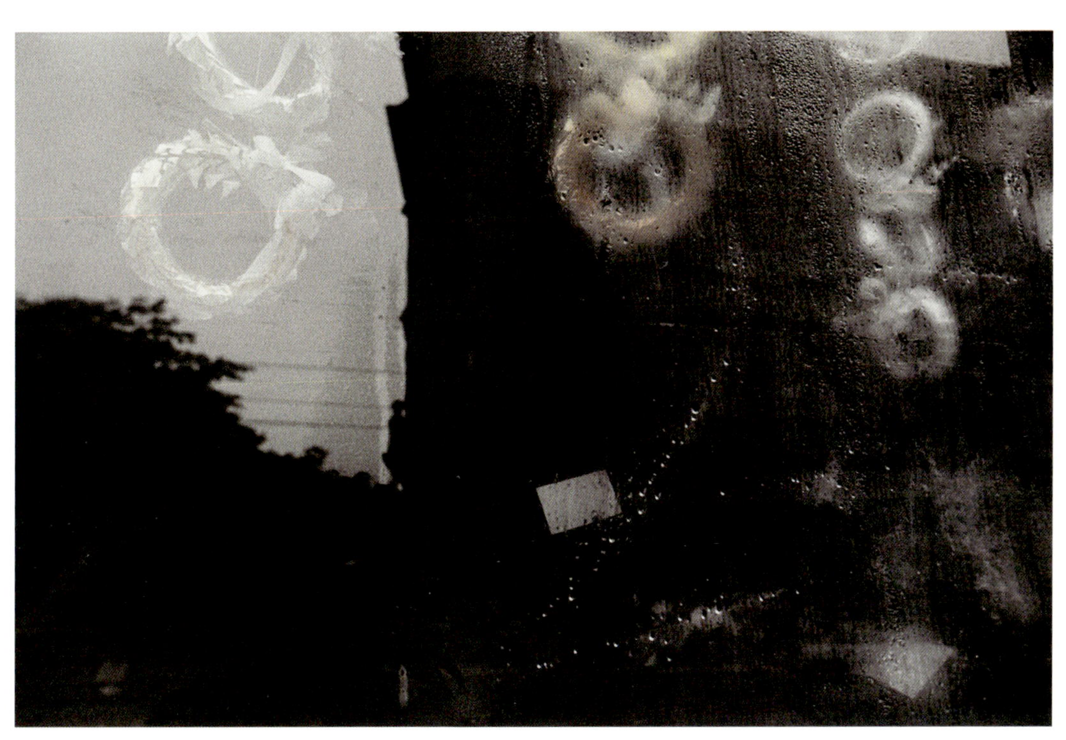

5 **All Souls' Day / Dušičky** 1985–2004

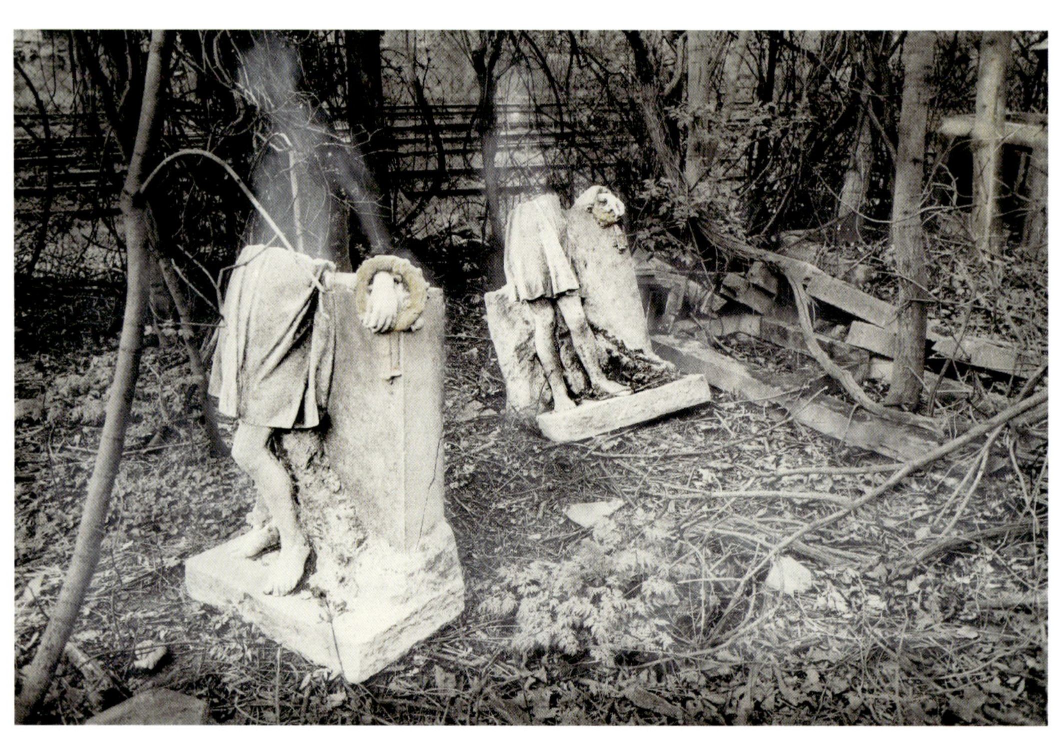

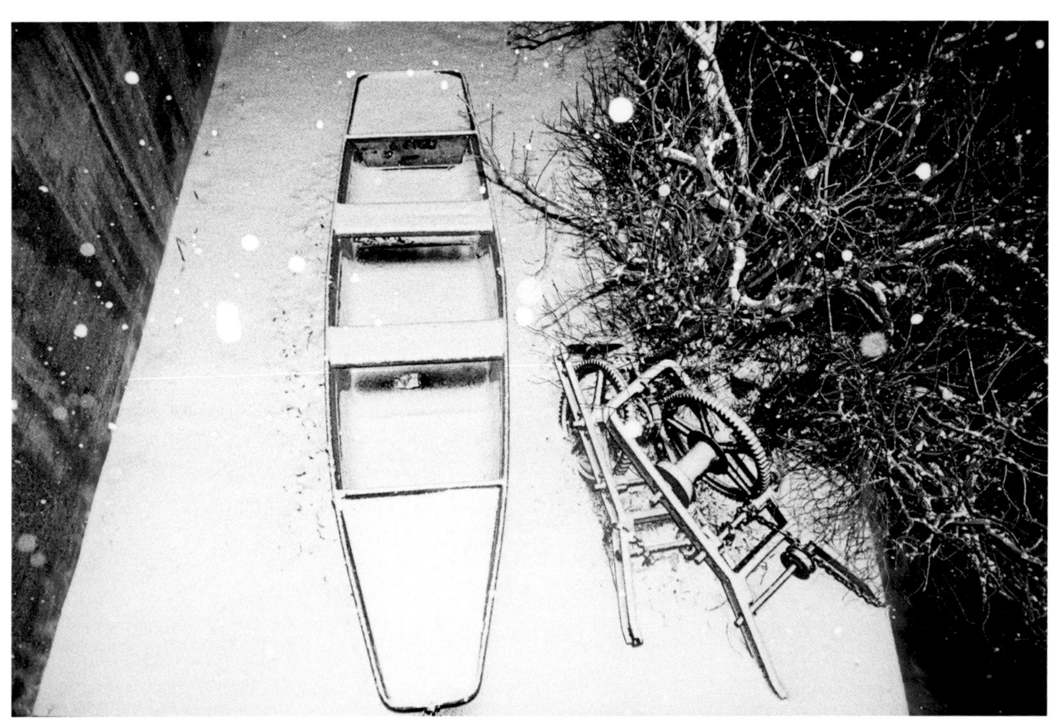

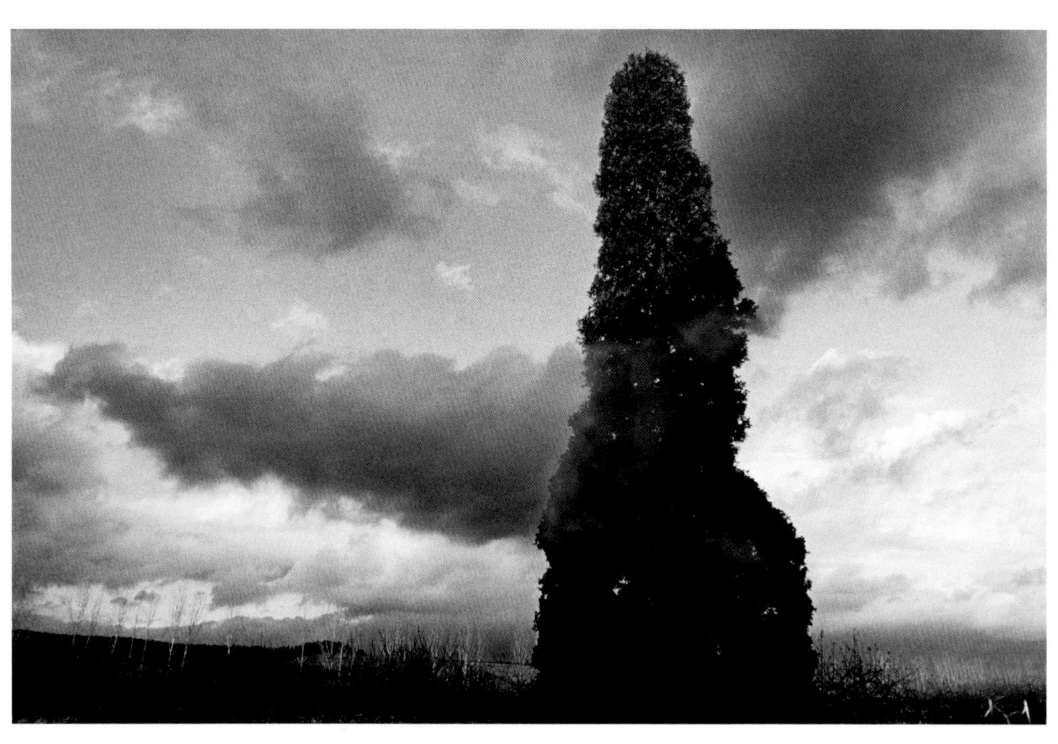

8 **Gentle Touch / Jemný dotyk** 1988–1991

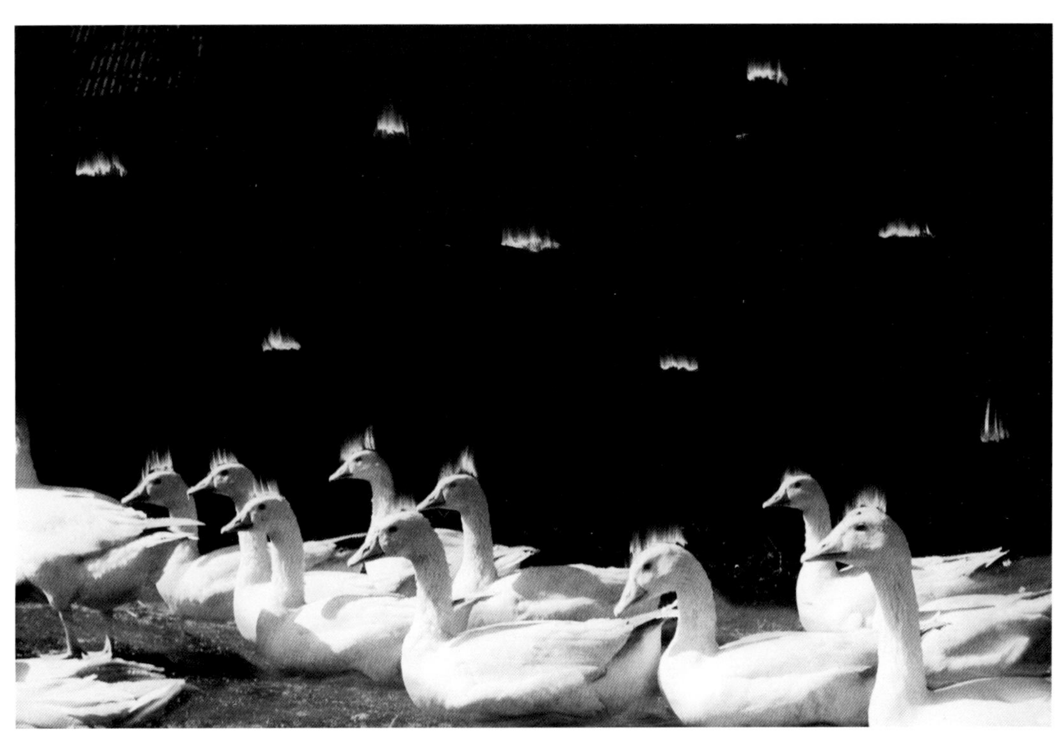

9 **Geese Lose Only Feathers / Husi strácajú len perie** 1981–1989

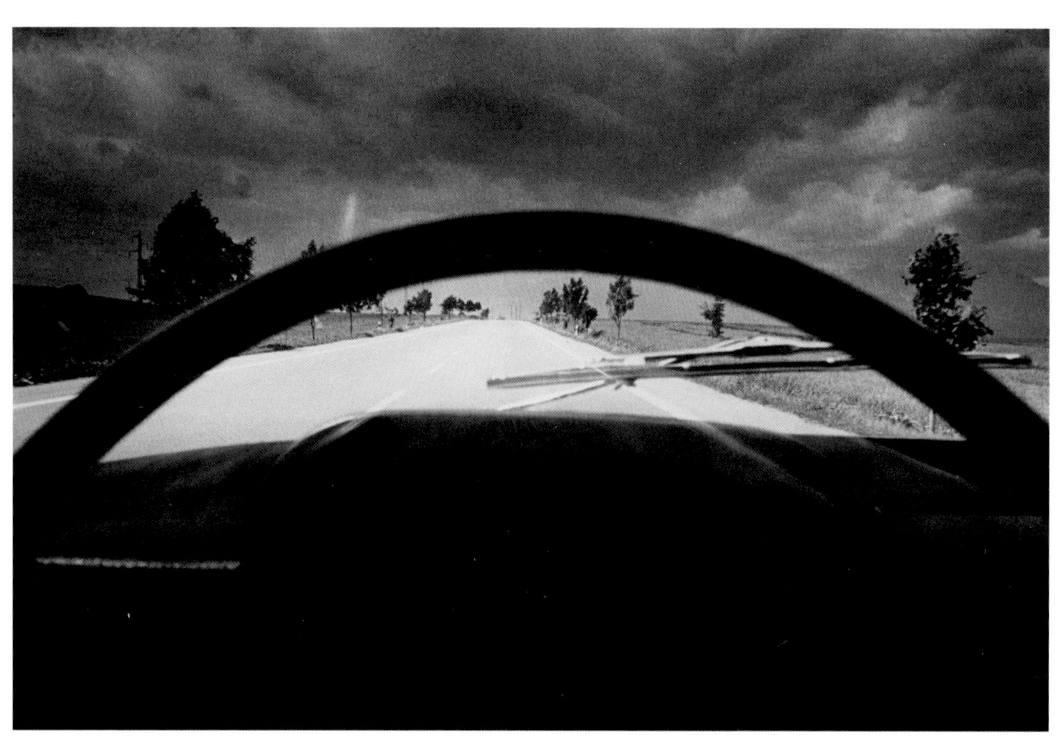

10 **Paris, Texas** 1985–1991

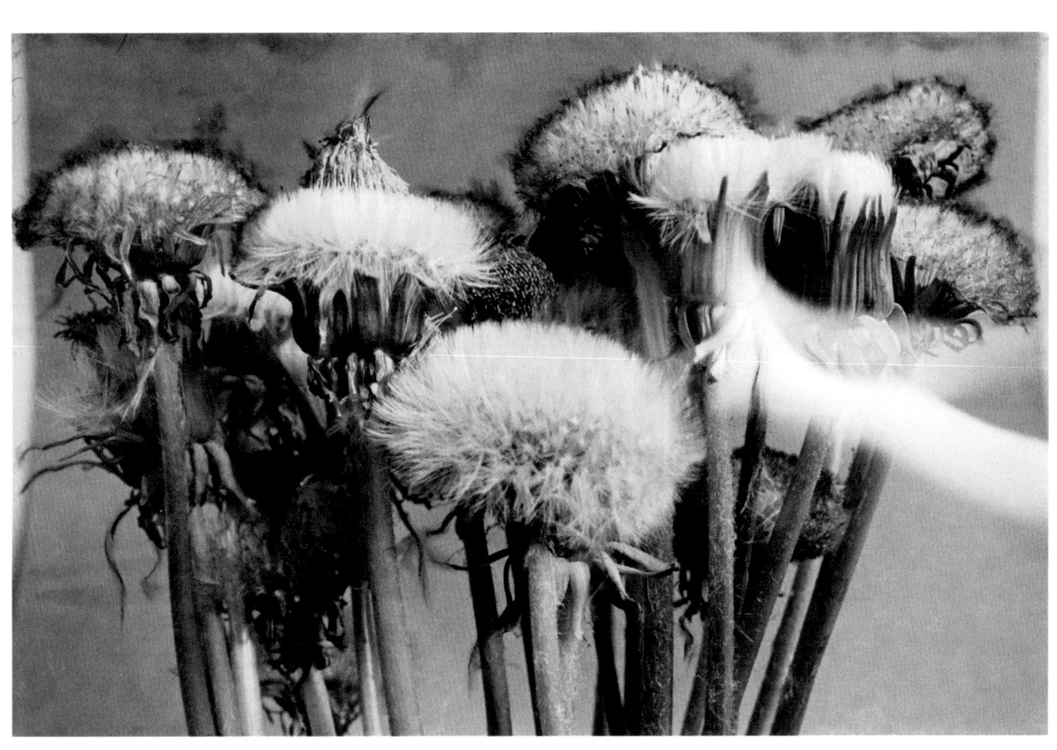

11 **Homage to Tarkovsky / Pocta Tarkovskému** 1985–1987

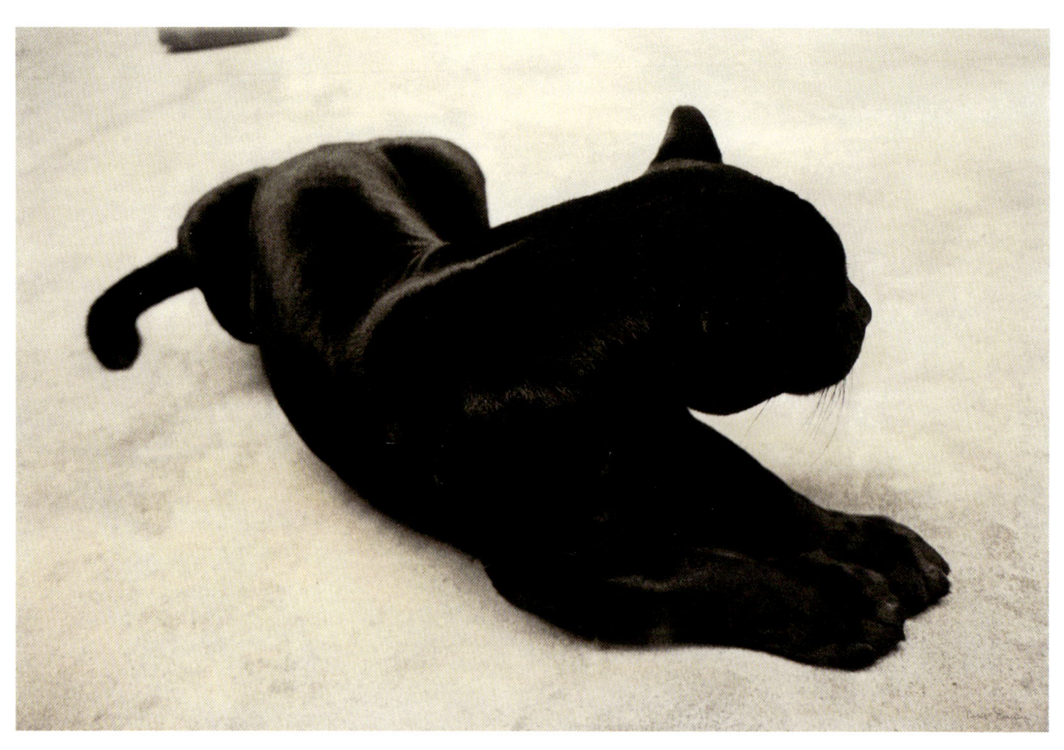

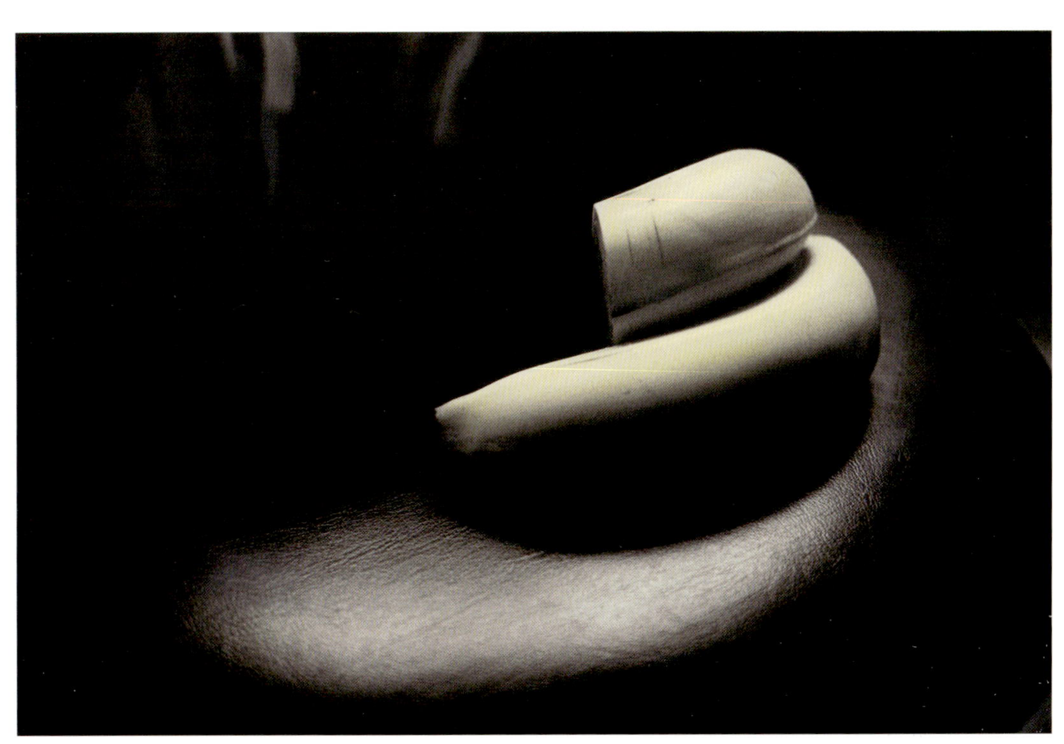

13 **Good-bye, Andy** 1993

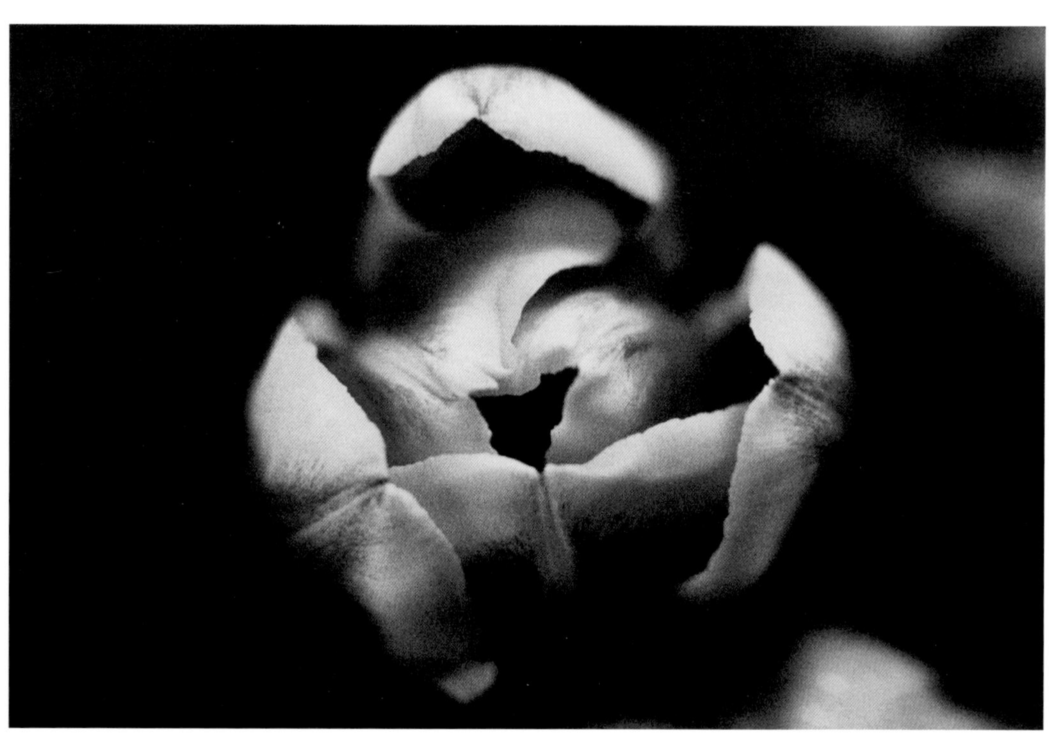

14 **Temptation / Pokušenie** 1998–2005

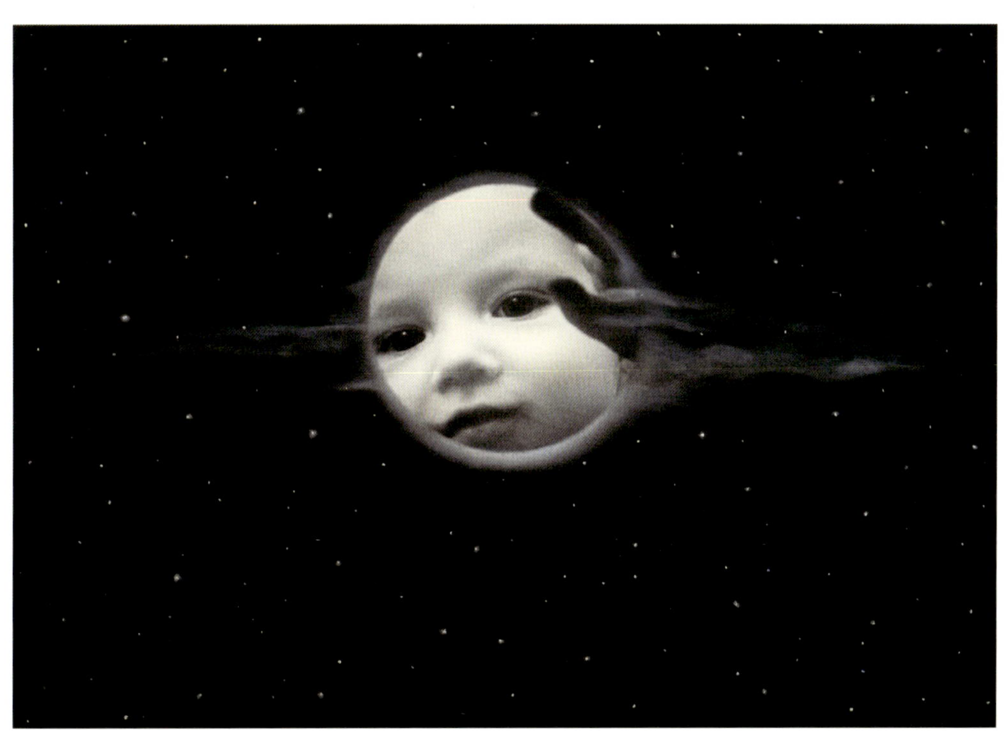

15 **Lunette / Mesiačik** 1995–2001

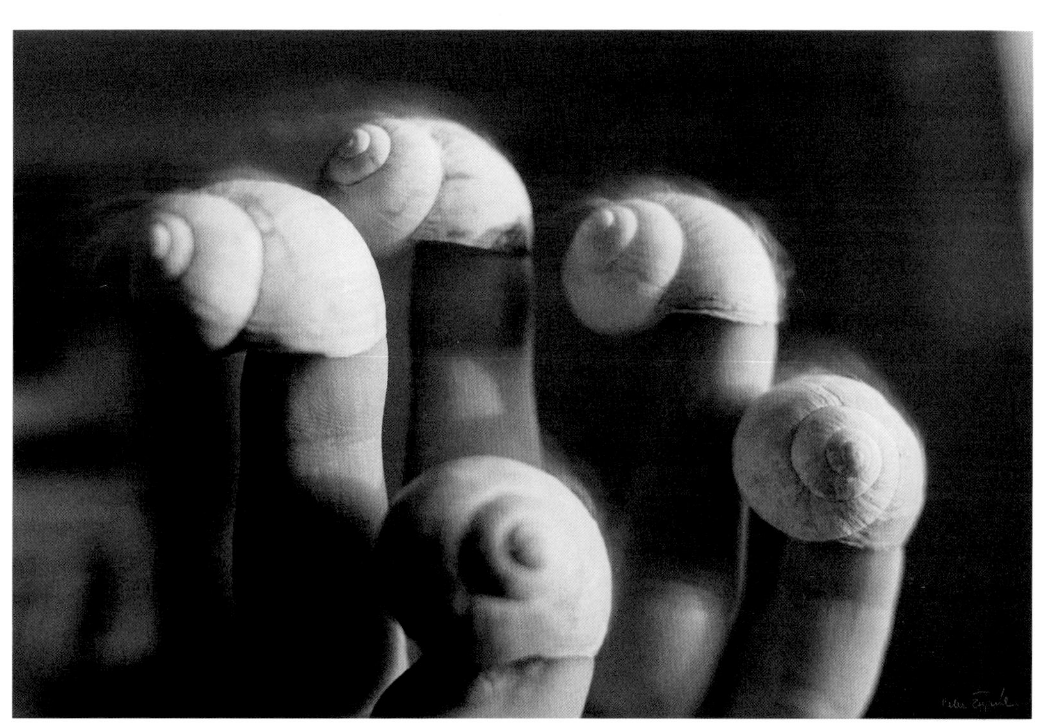

16 **Slow Hand / Pomalá ruka** 1995–2001

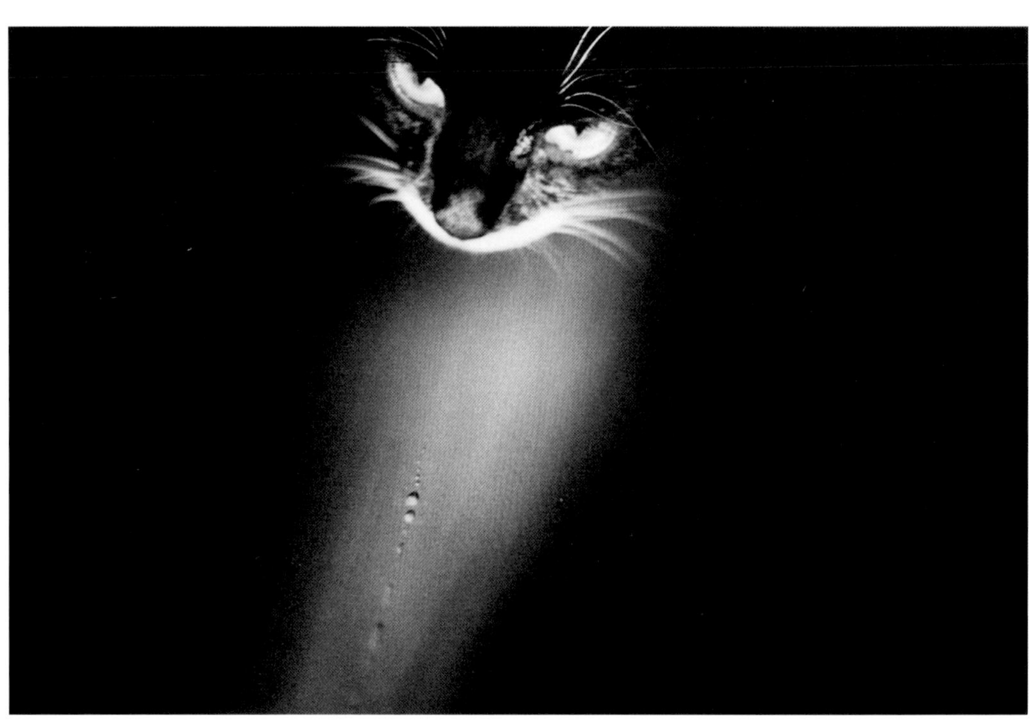

17 **Le Chat Noir** 1996–2006

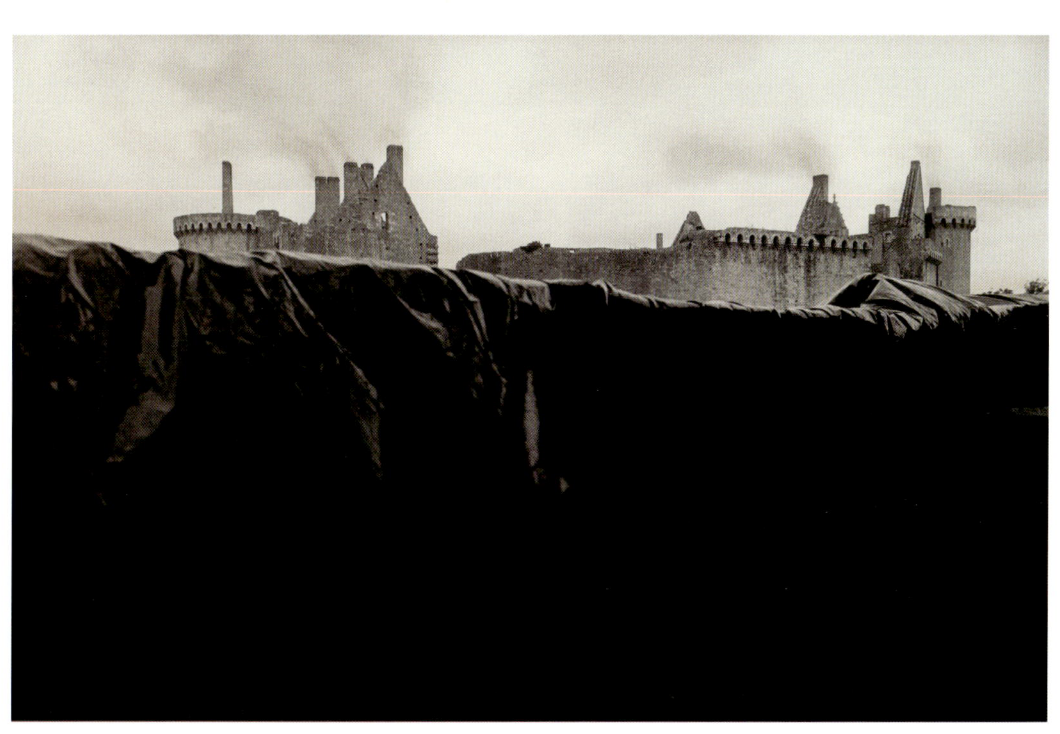

18 **Once Upon a Time / Kde bolo, tam bolo** 1994–1995

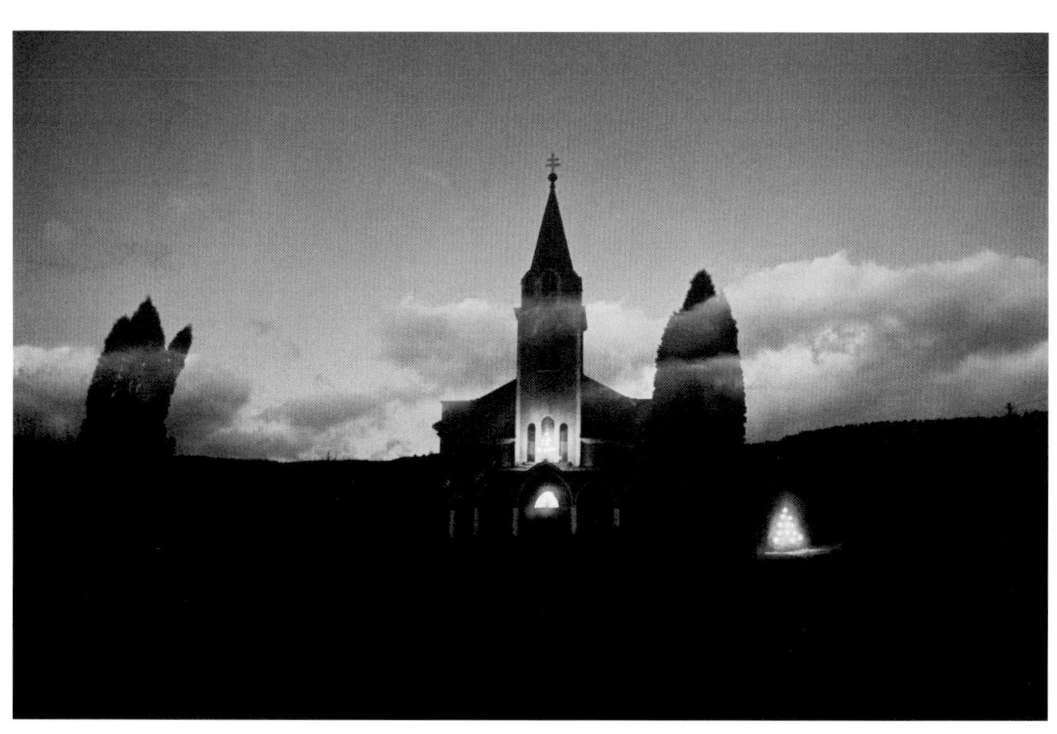

19 **Christmas / Vianoce** 1988–1998

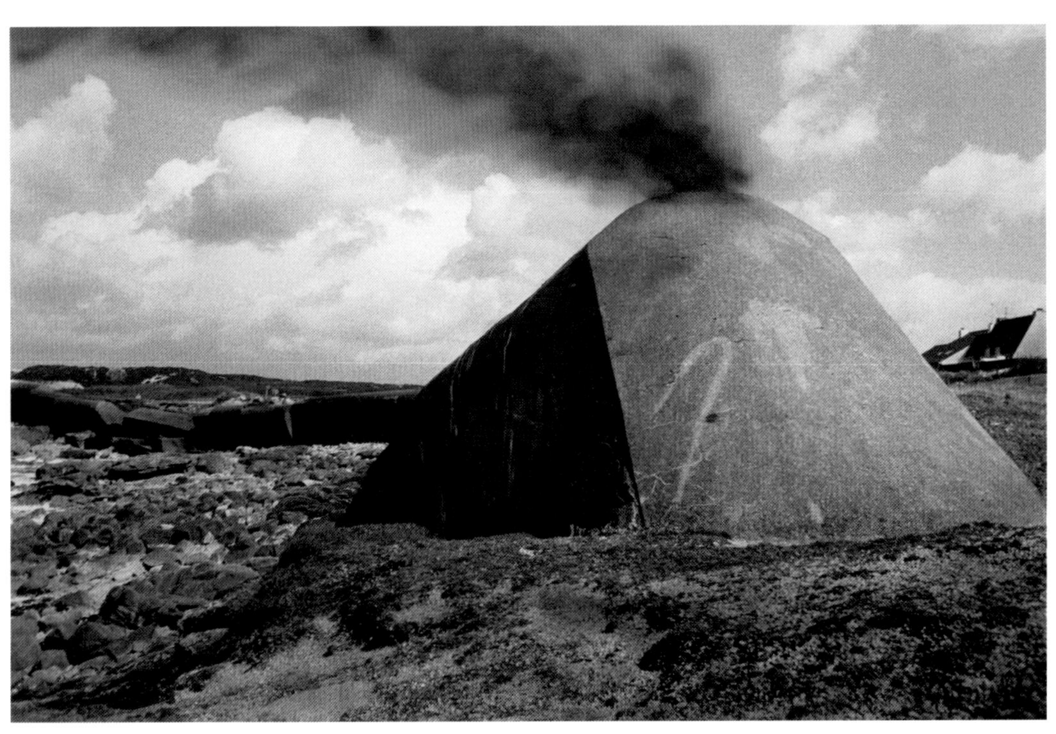

20 **Brittany Express / Bretaňský expres** 1994–2004

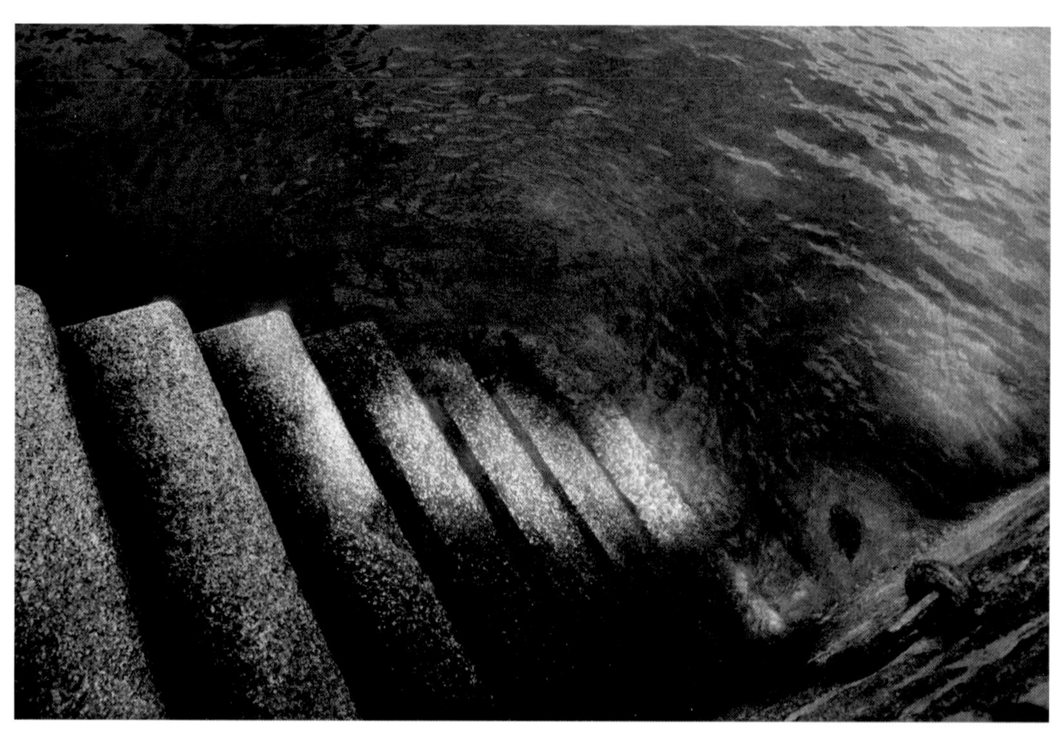

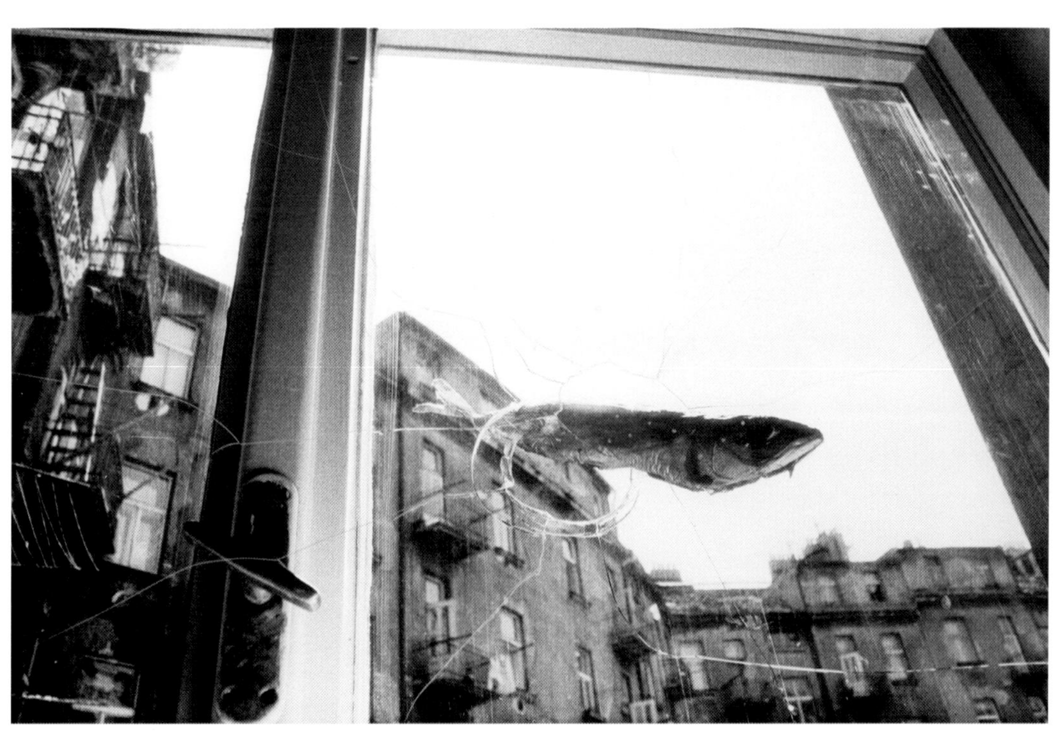

22 **Deceived Fis / Oklamaná ryba** 1982–1990

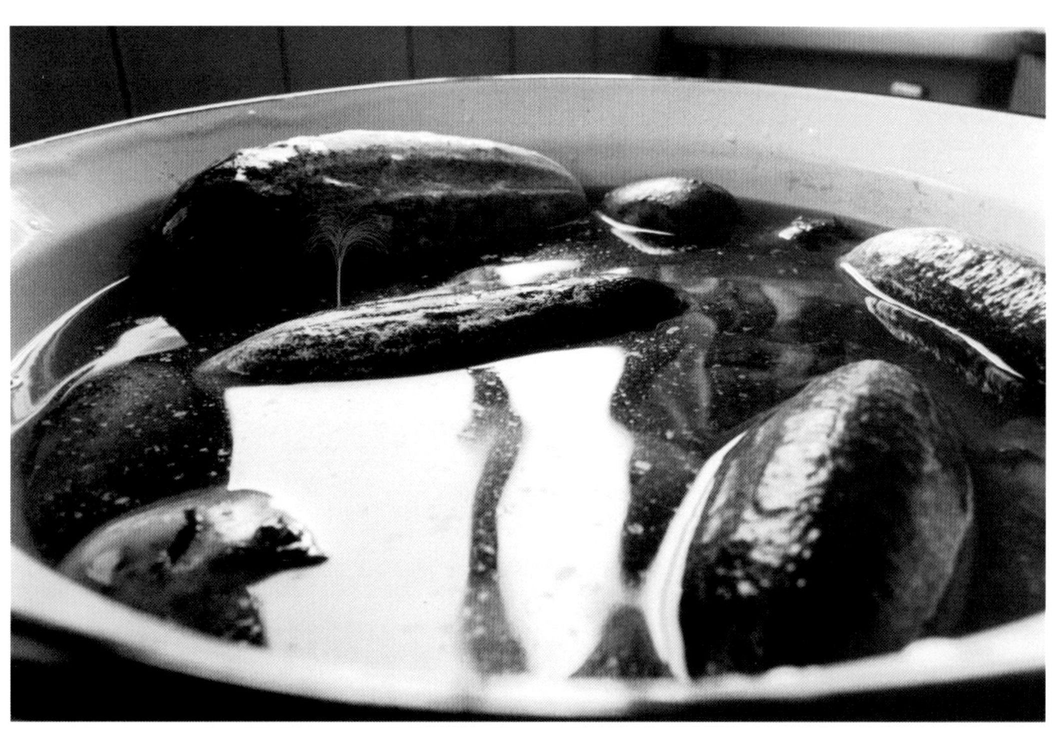

23 **Whales / Veľryby** 1985–1990

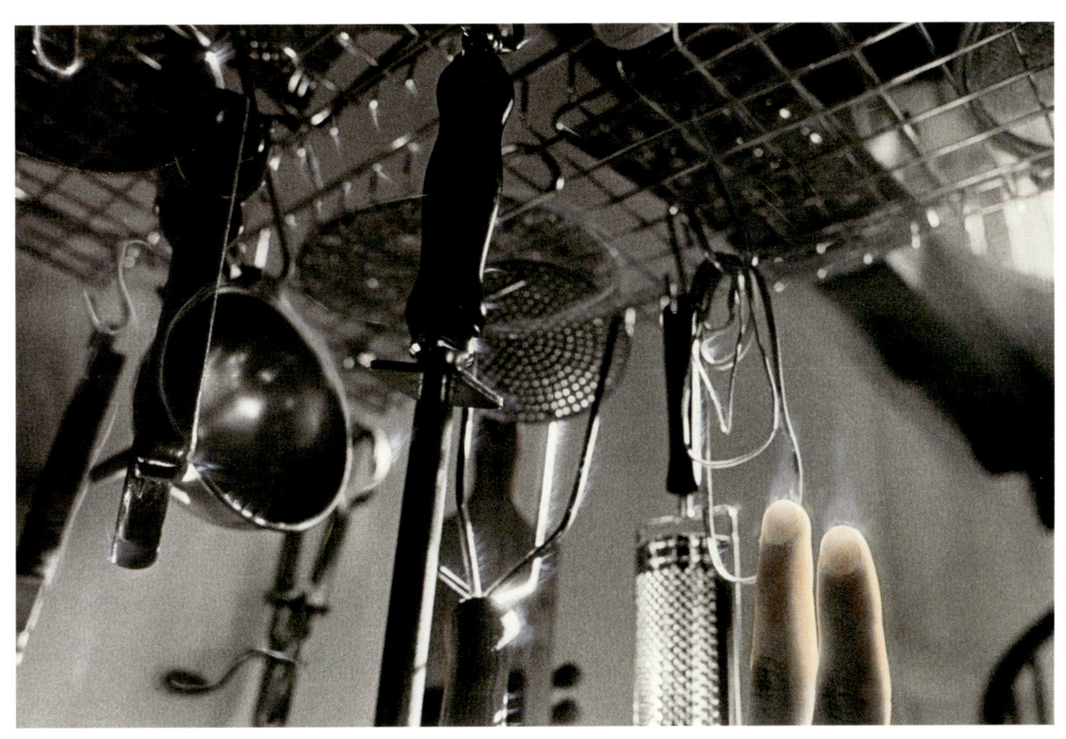

24 **Kitchen Oath / Kuchynská prísaha** 1984–1990

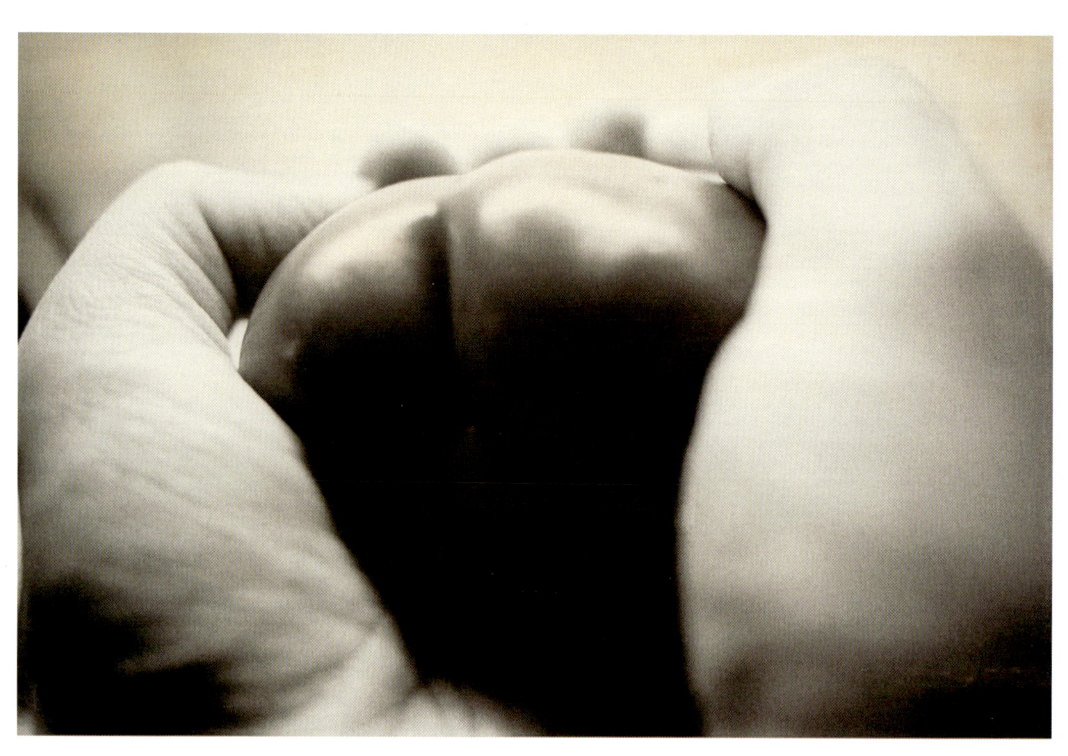

25 **Handful / V hrsti** 1998–2001

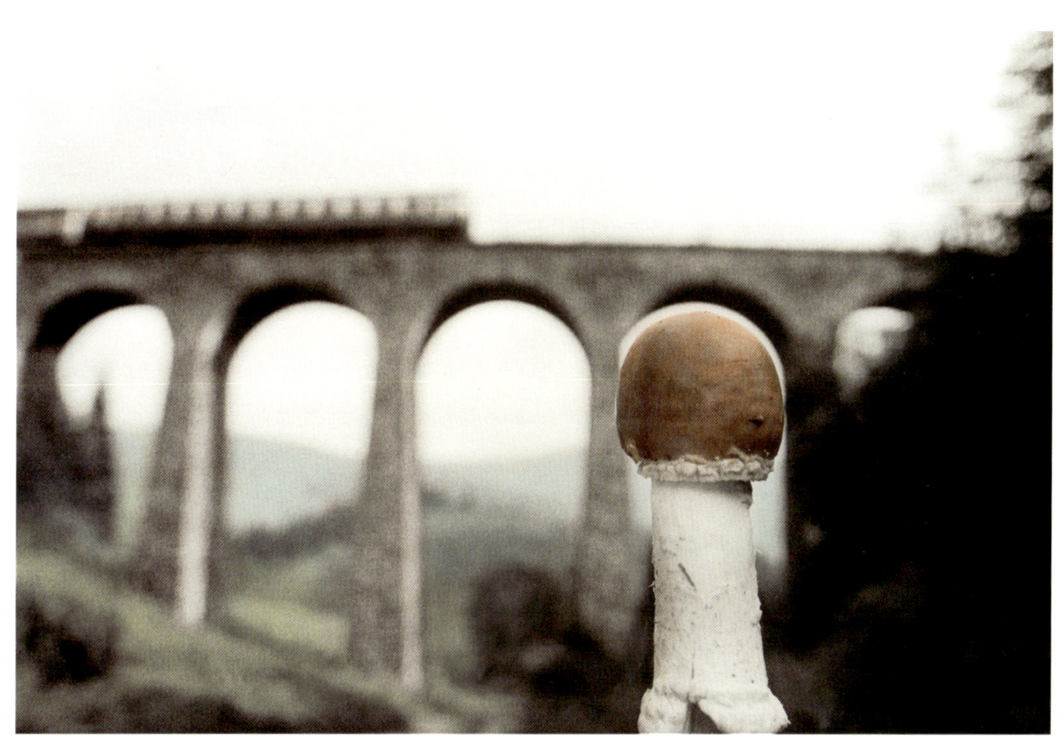

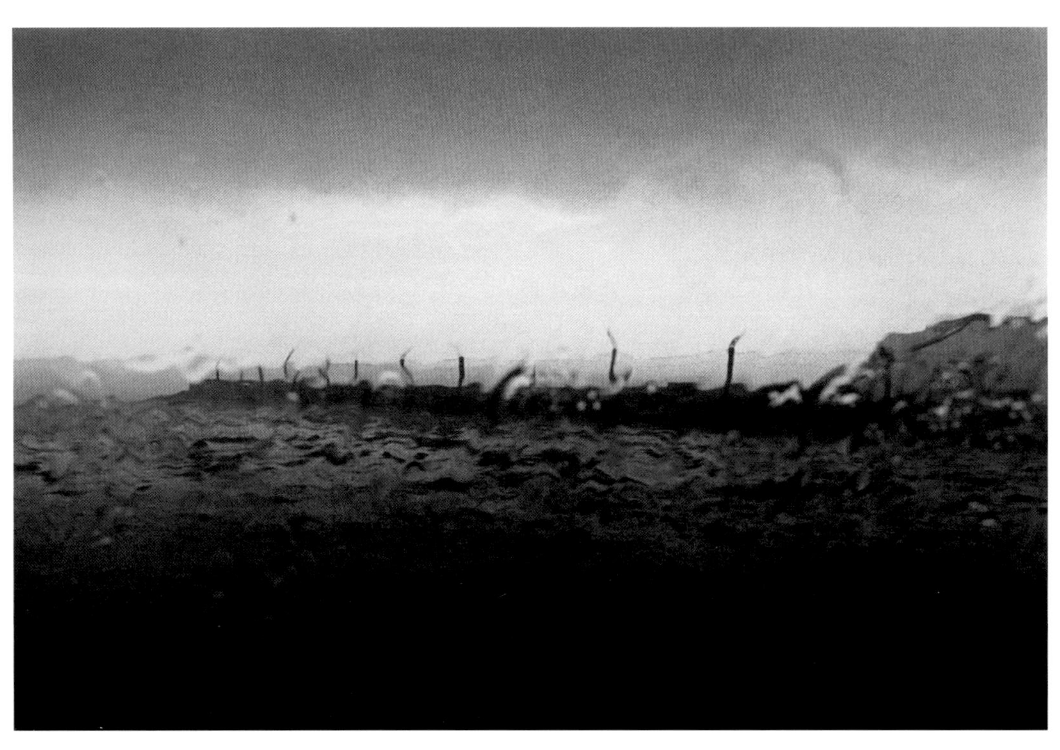

27 **In the Rain / V daždi** 1994–1995

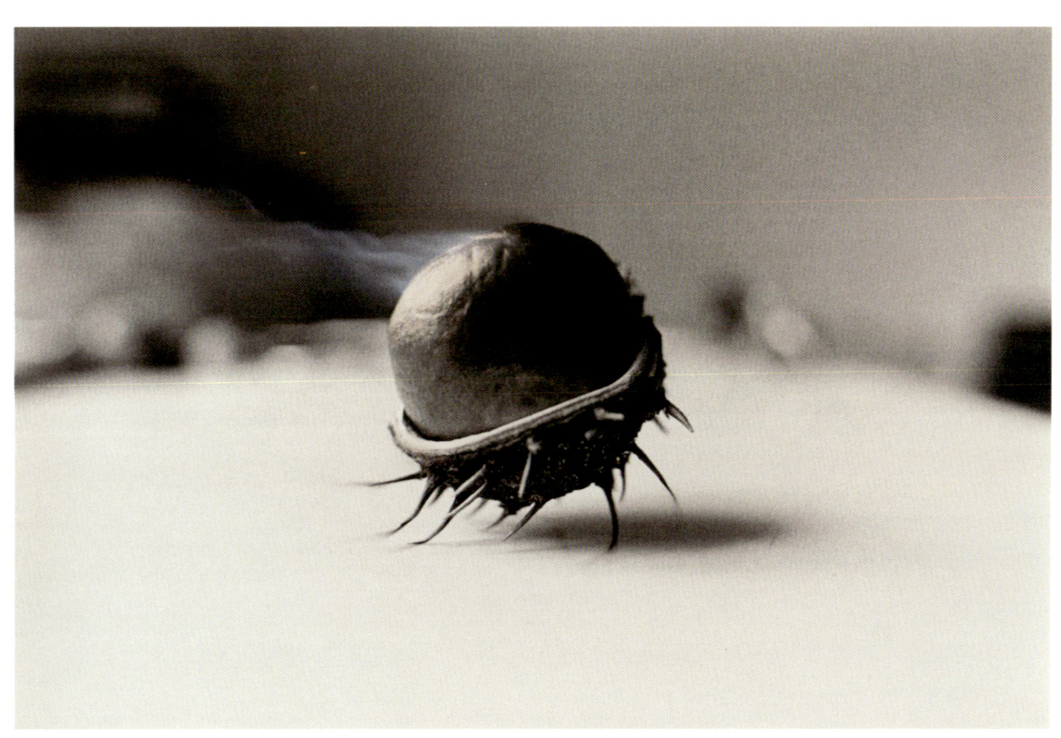

28 **Easy Rider** 1995–1999

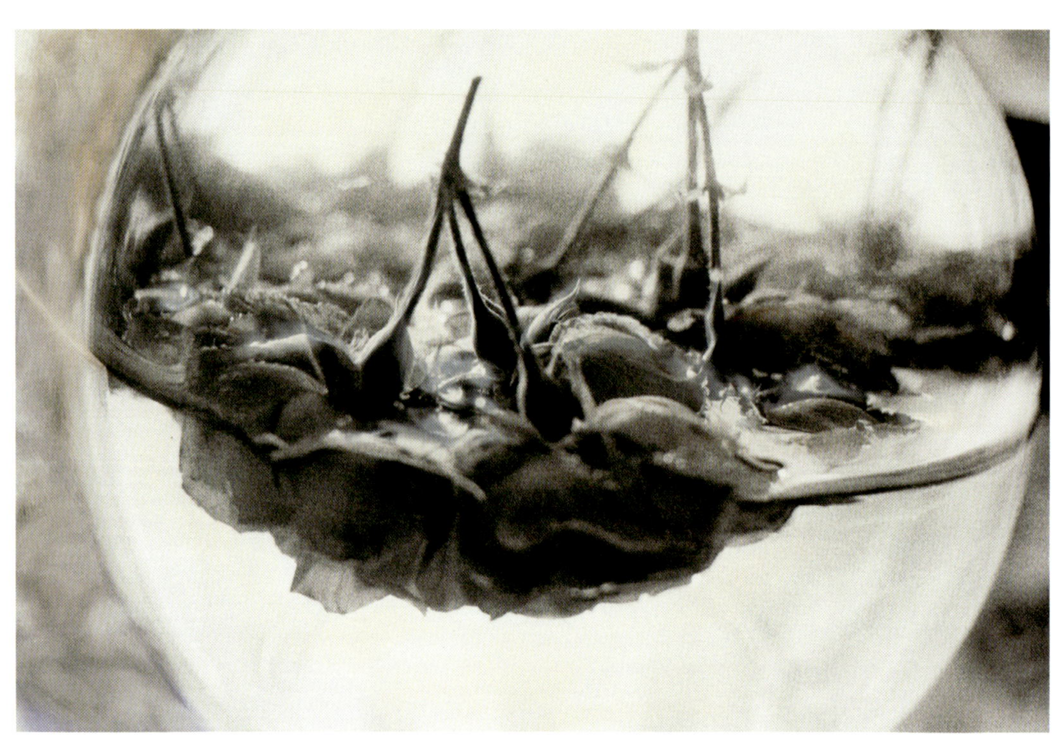

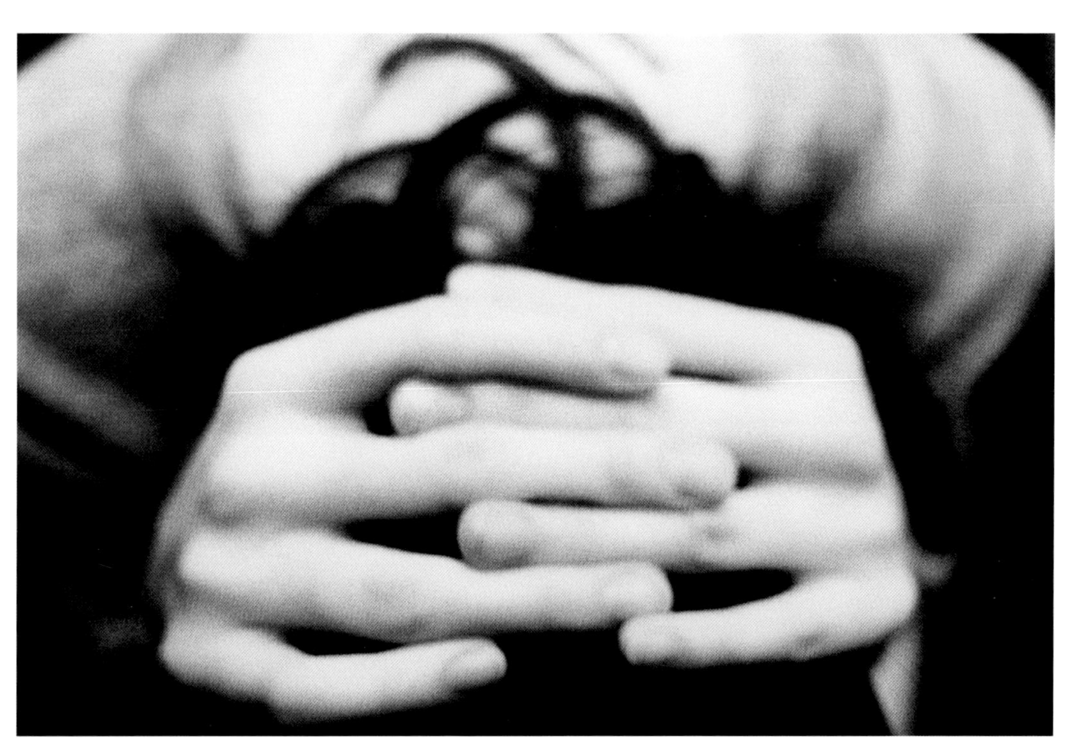

 Calm / Pokoj 1993–2009

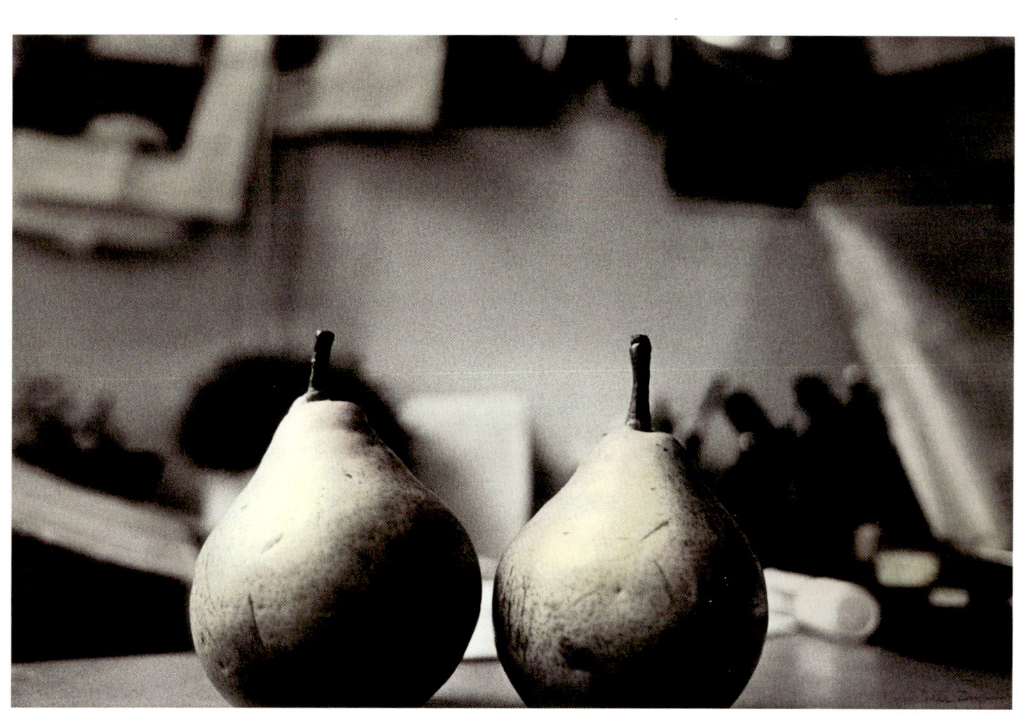

31 **I Miss You / Chýbaš mi** 1993–1997

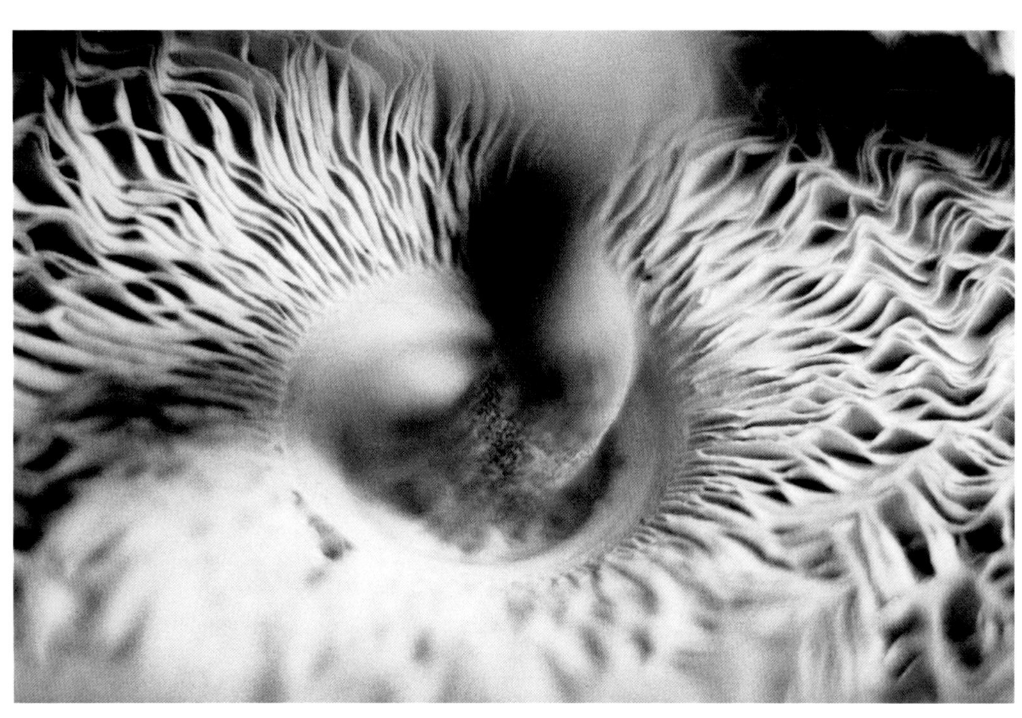

 The Beginning of Birth / Začiatok vzniku 1993–1999

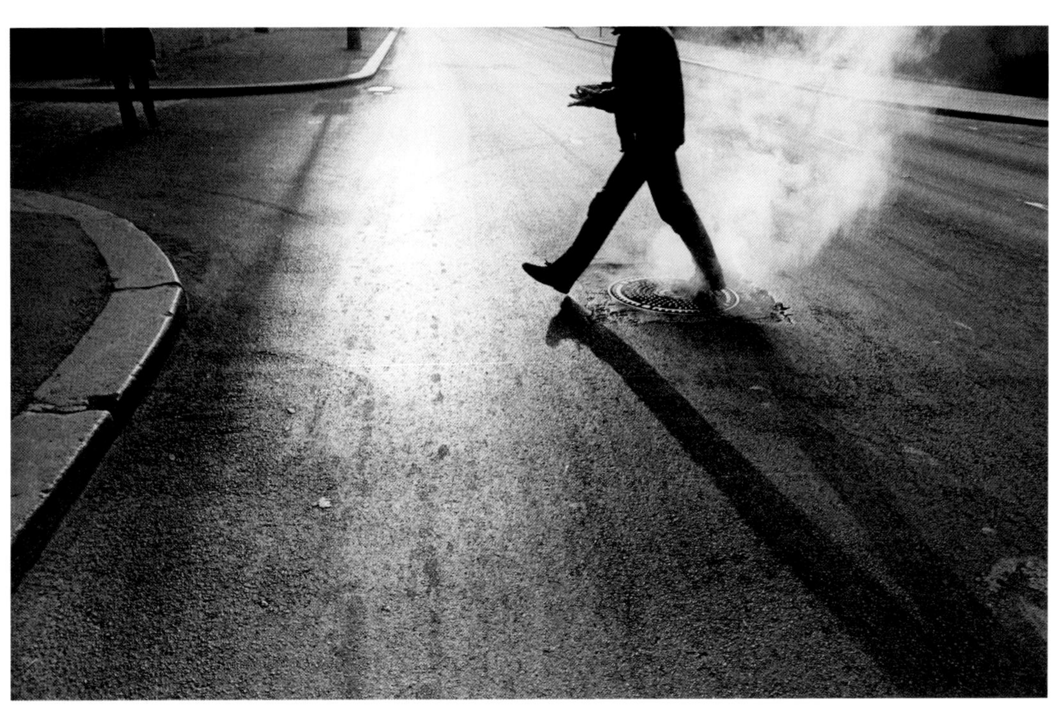

33 **Prague Flâneur / Pražský chodec** 1985–1998

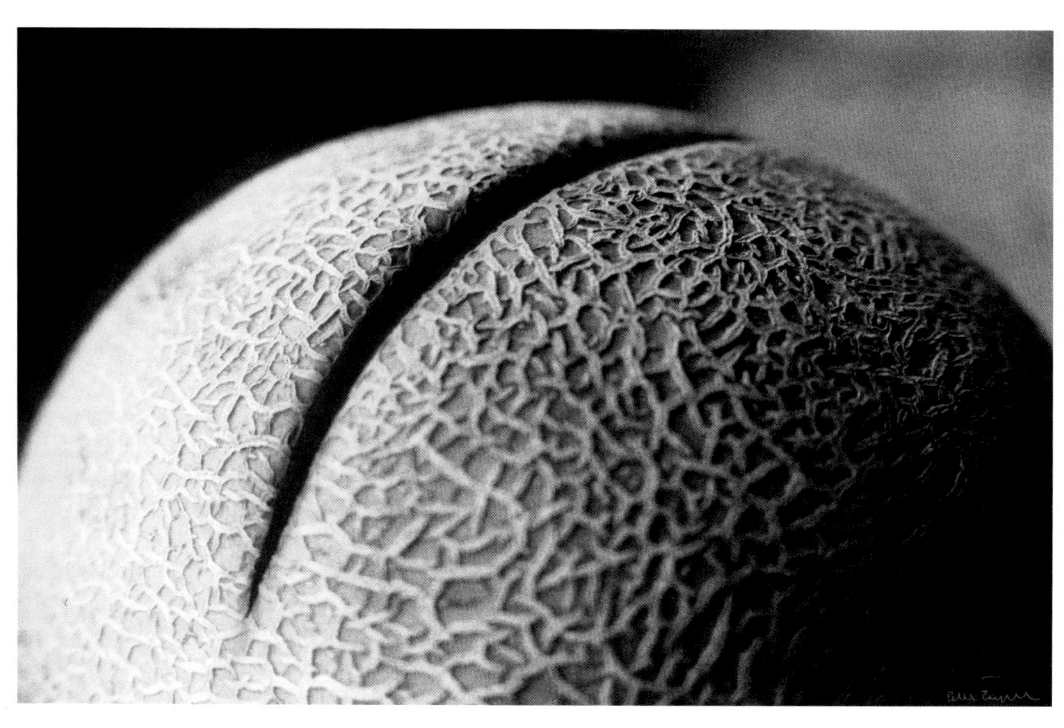

34 **Melondrama / Melondráma** 2004–2005

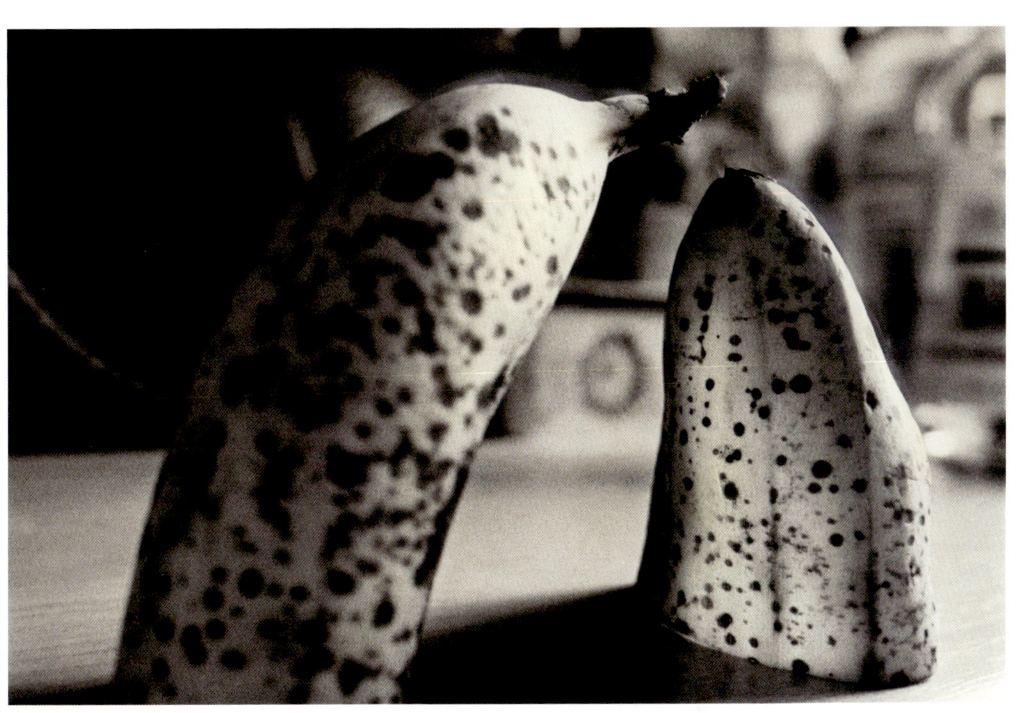

35 **Dialogue / Rozhovor** 1995–2005

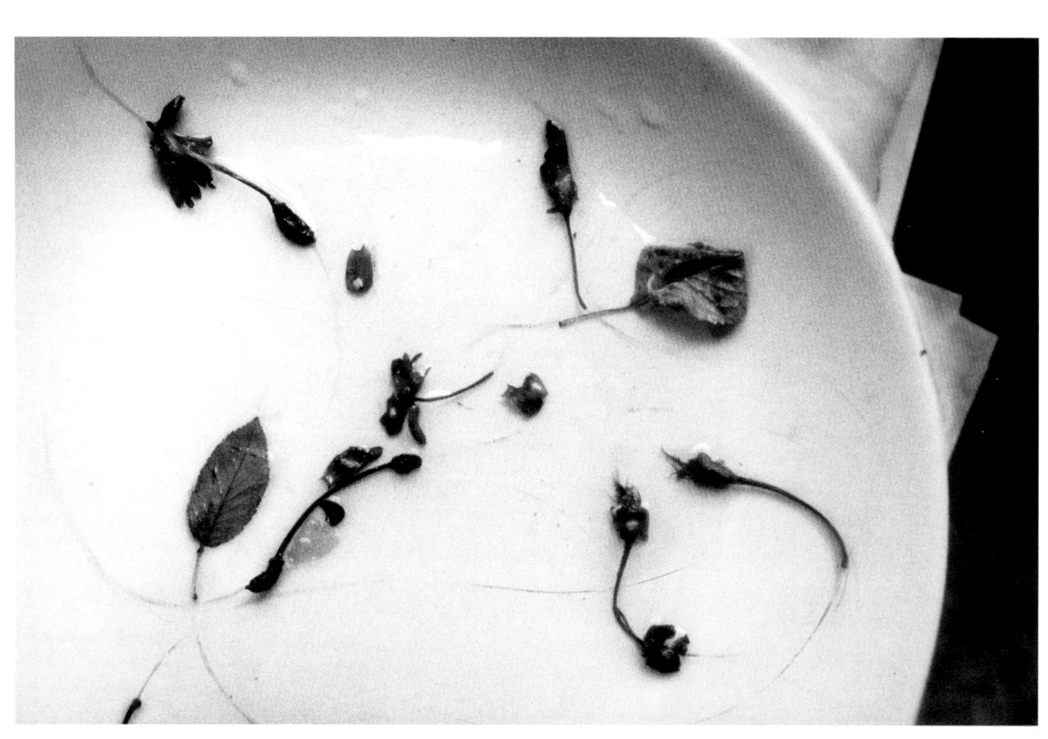

36 **Cherries / Čerešne** 1994–1996

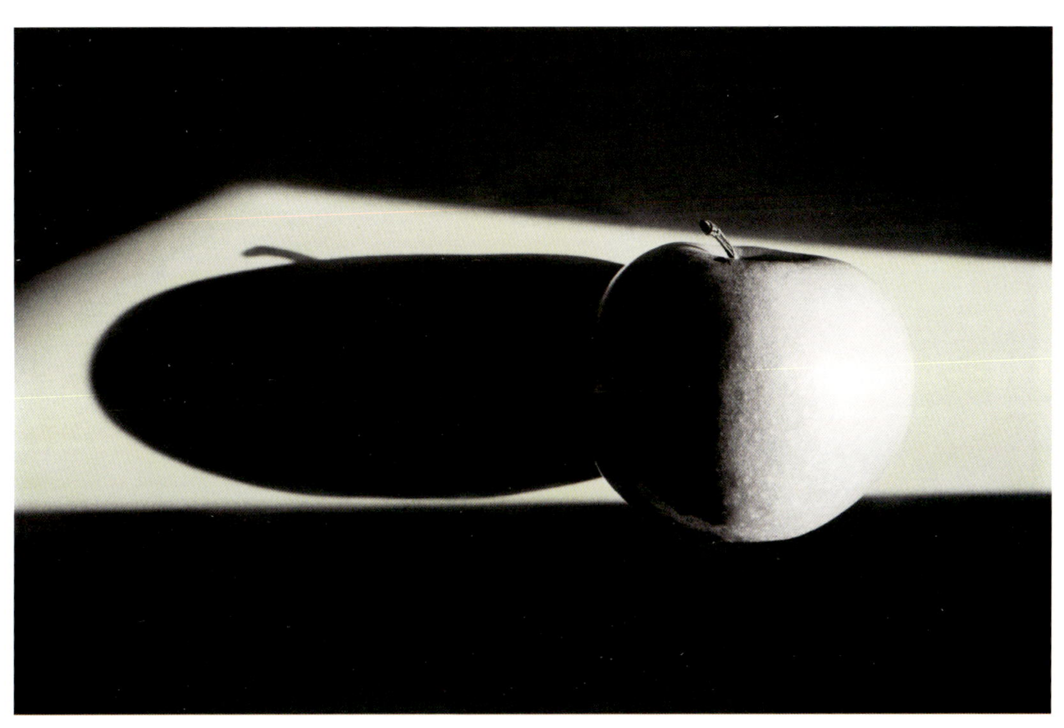

37 **Levitation / Levitácia** 1999–2001

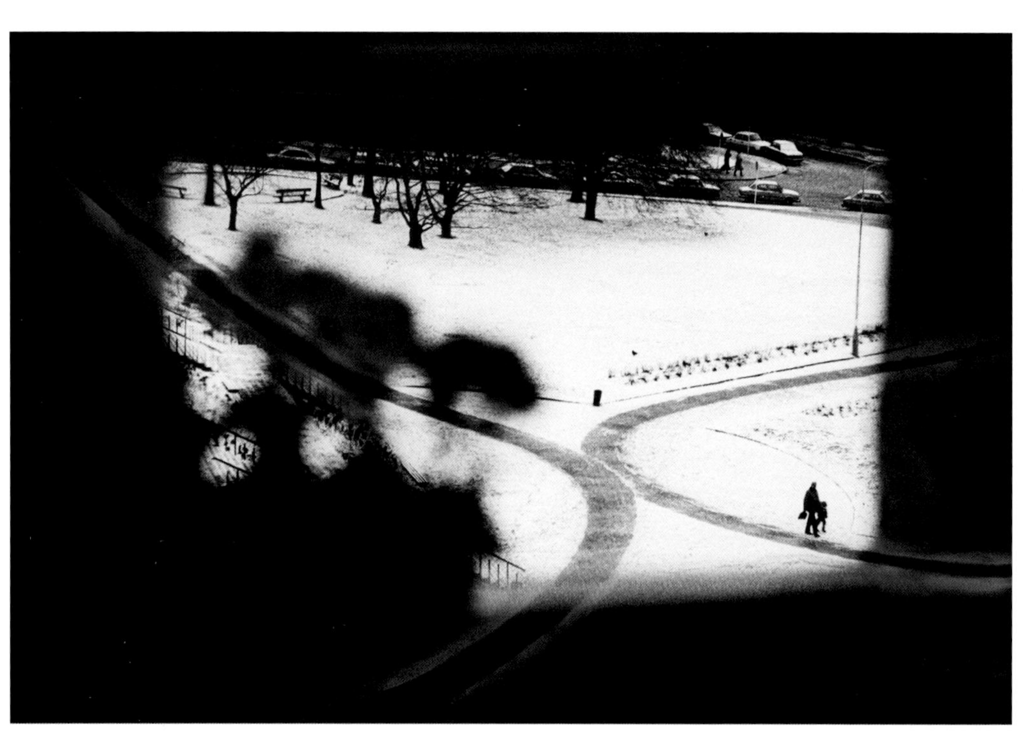

38 Paths / Cestičky 1992–2008

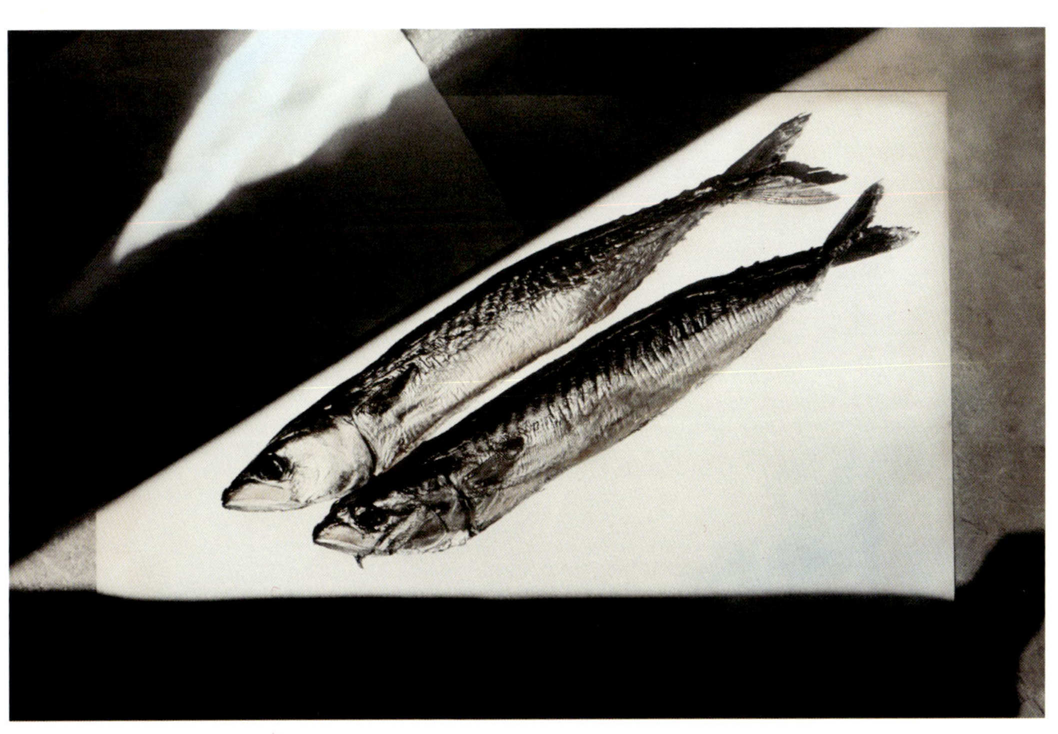

39 **Still Life 1933** 1982–2001

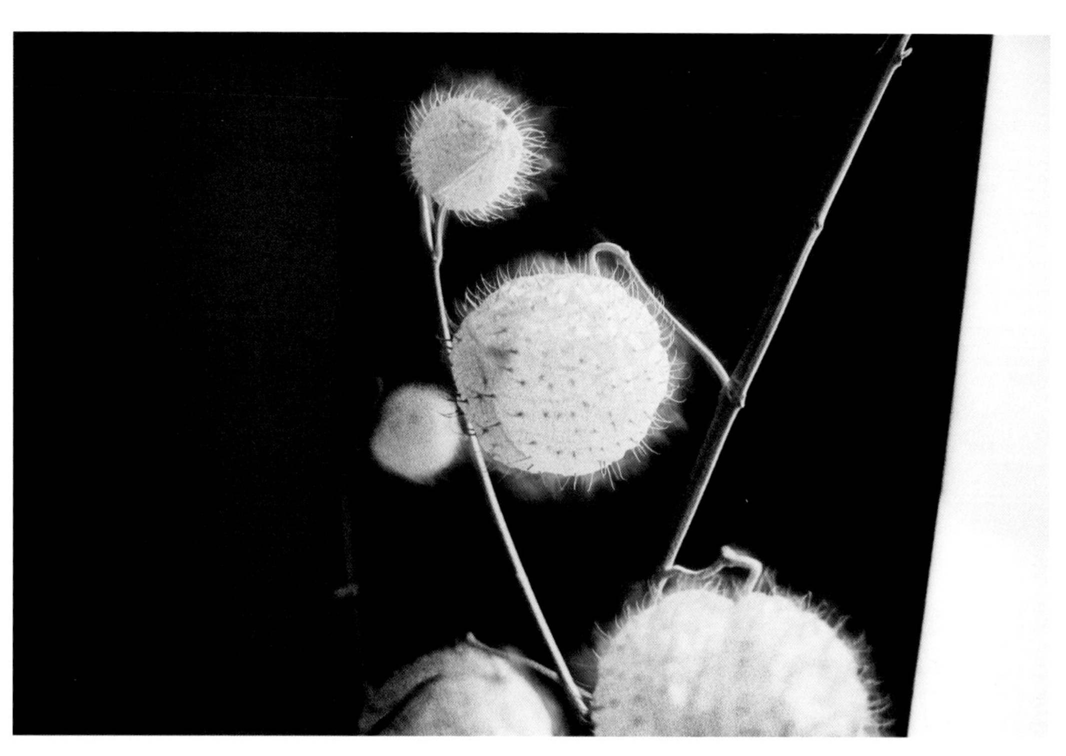

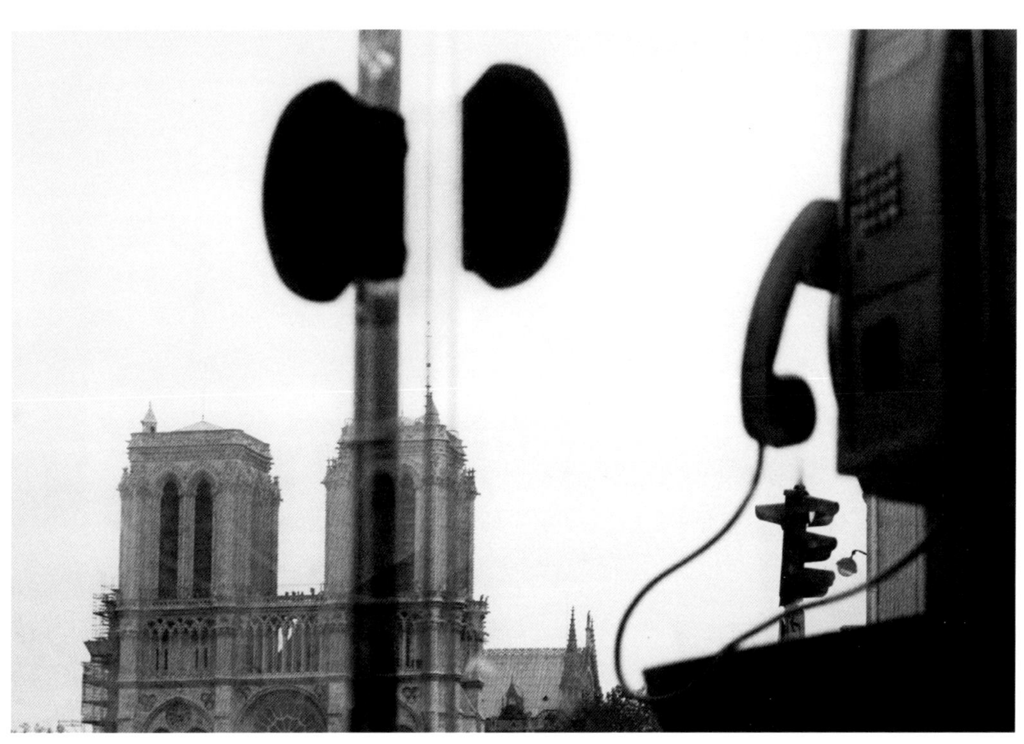

41 **Paris Conversation / Parížsky hovor** 2005–2007

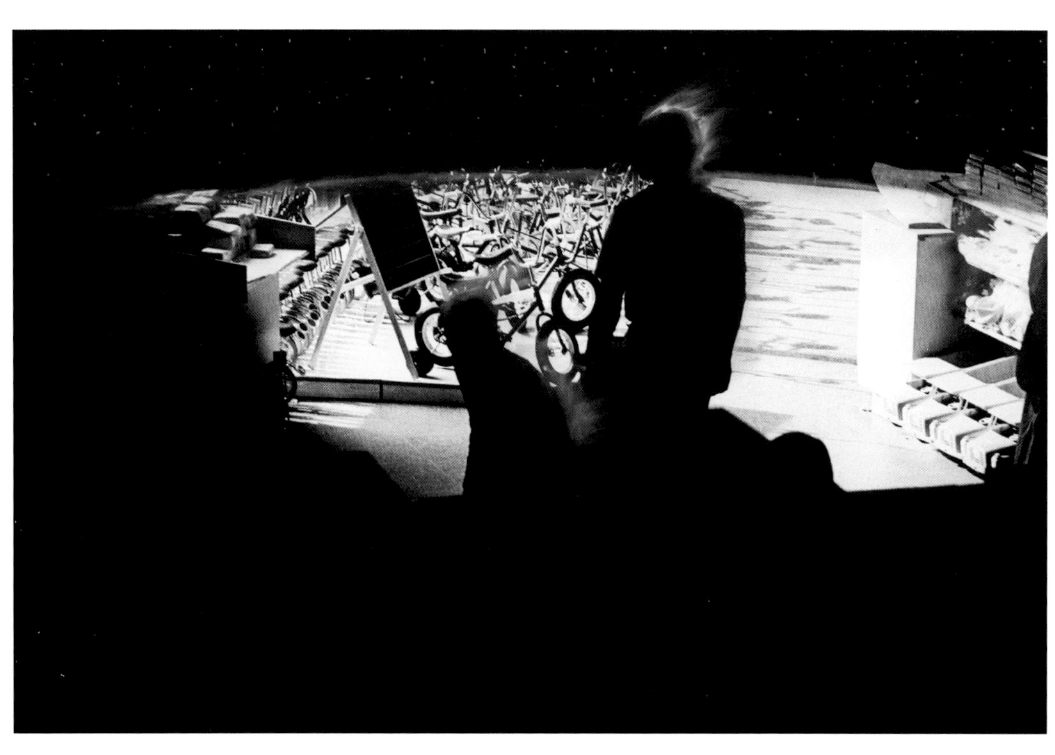

42 **A Dream of Scooters / Sen o kolobežkách** 1985–1991

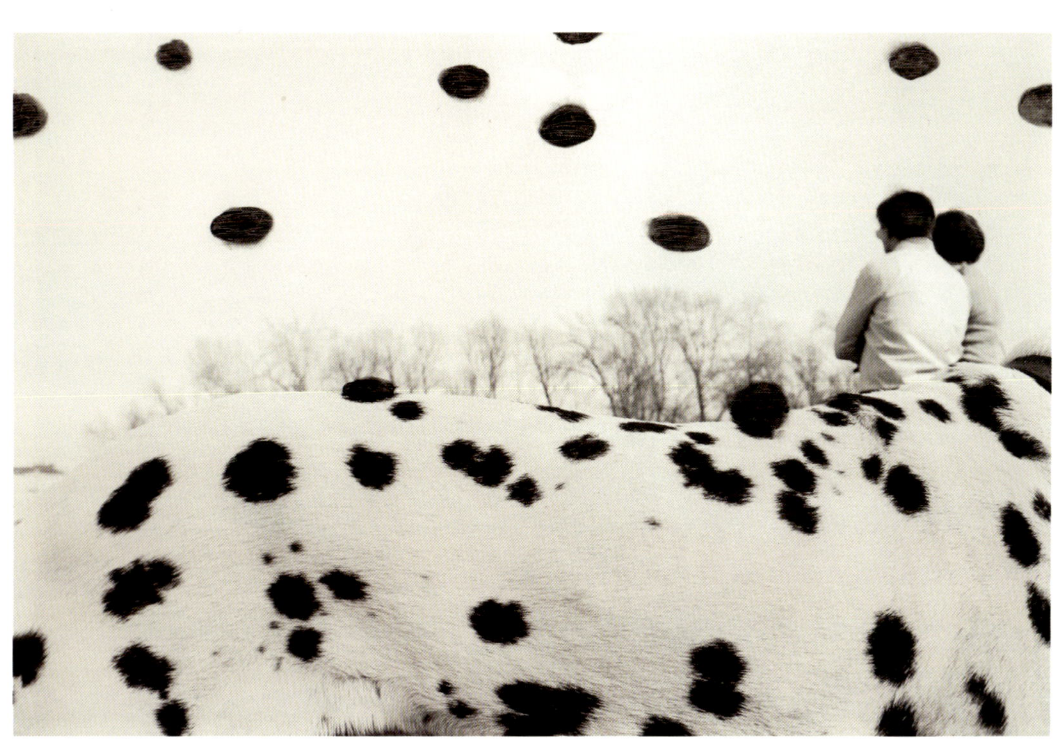

43 **Dog Day / Psí deň** 1985–1990

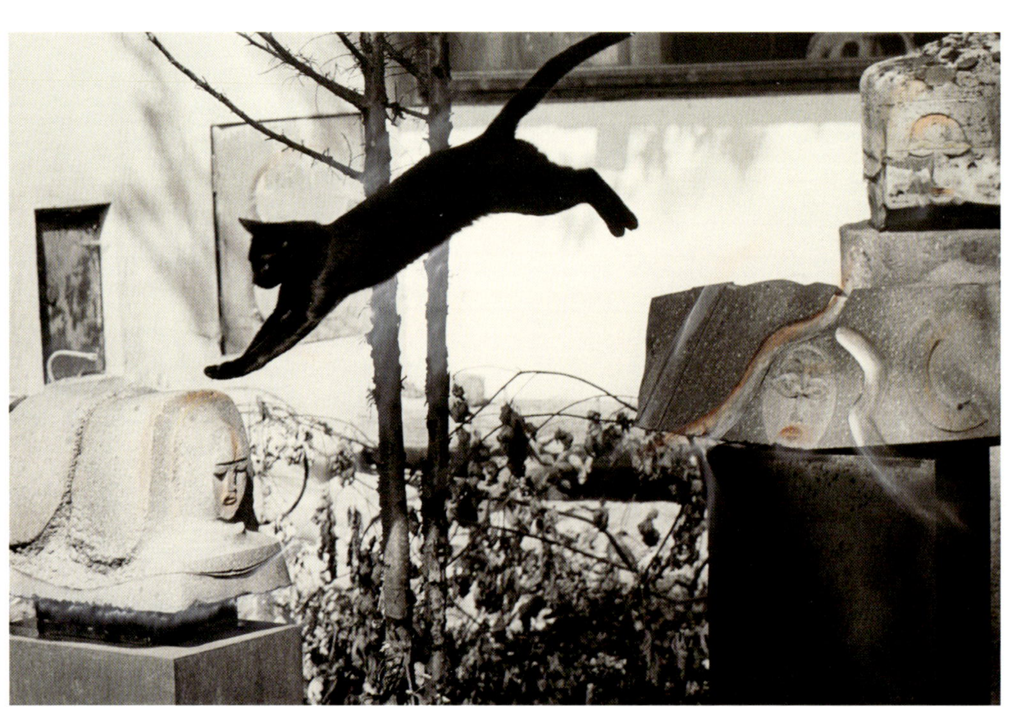

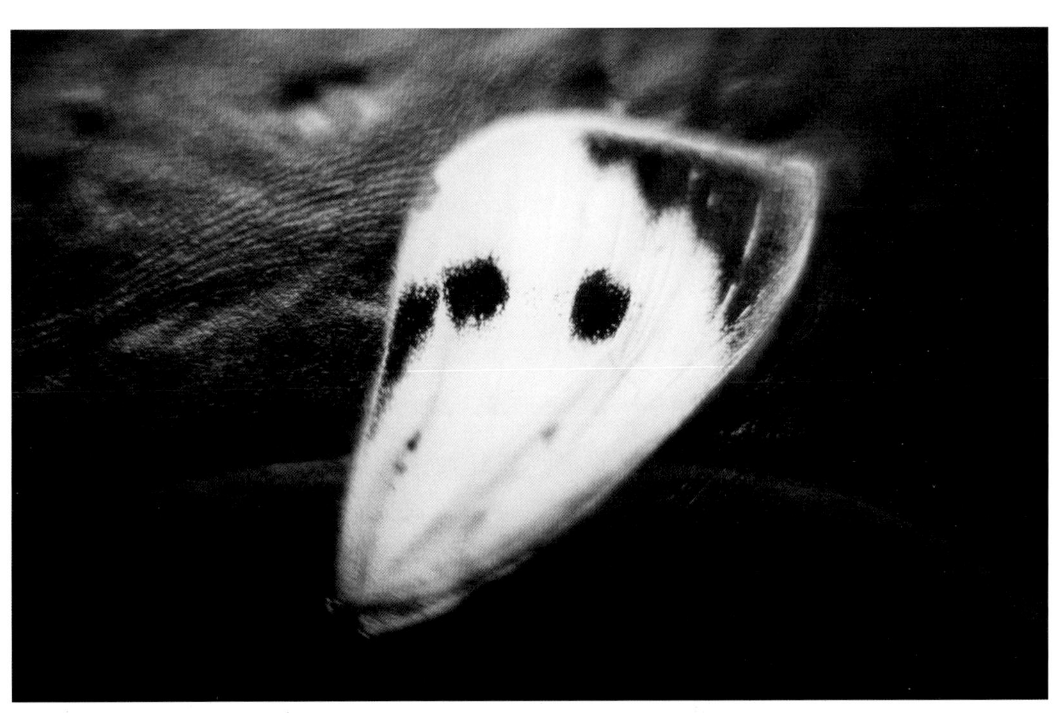

45 **Self-portrait / Autoportrét** 1993–1997

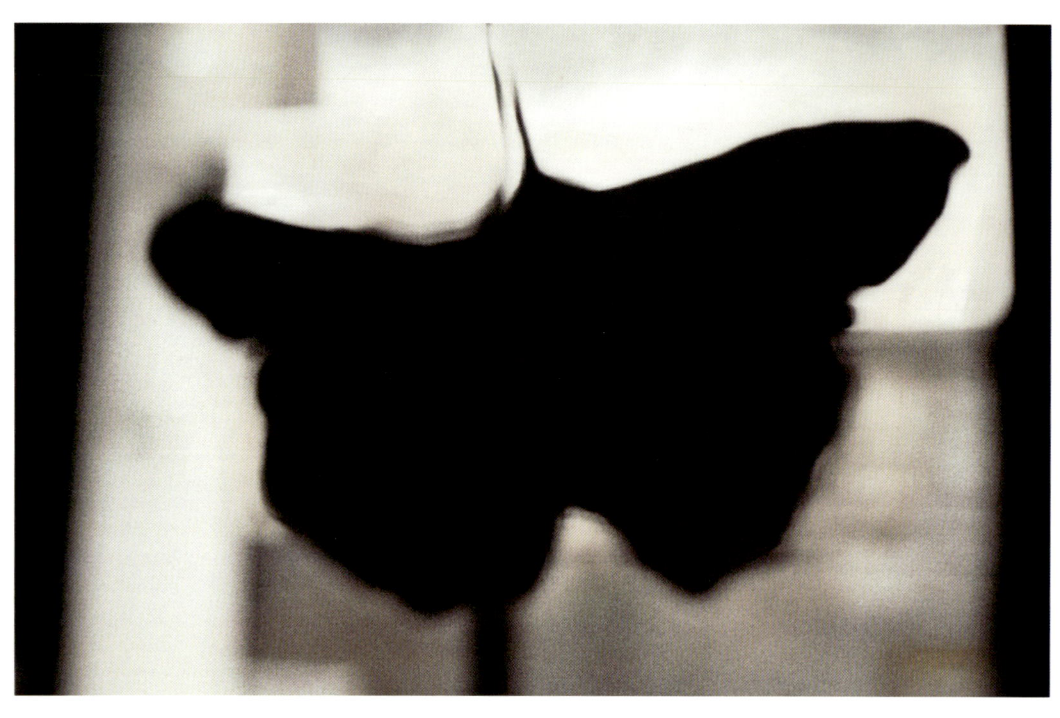

46 **Like a Butterfly / Ako motýľ** 2004–2007

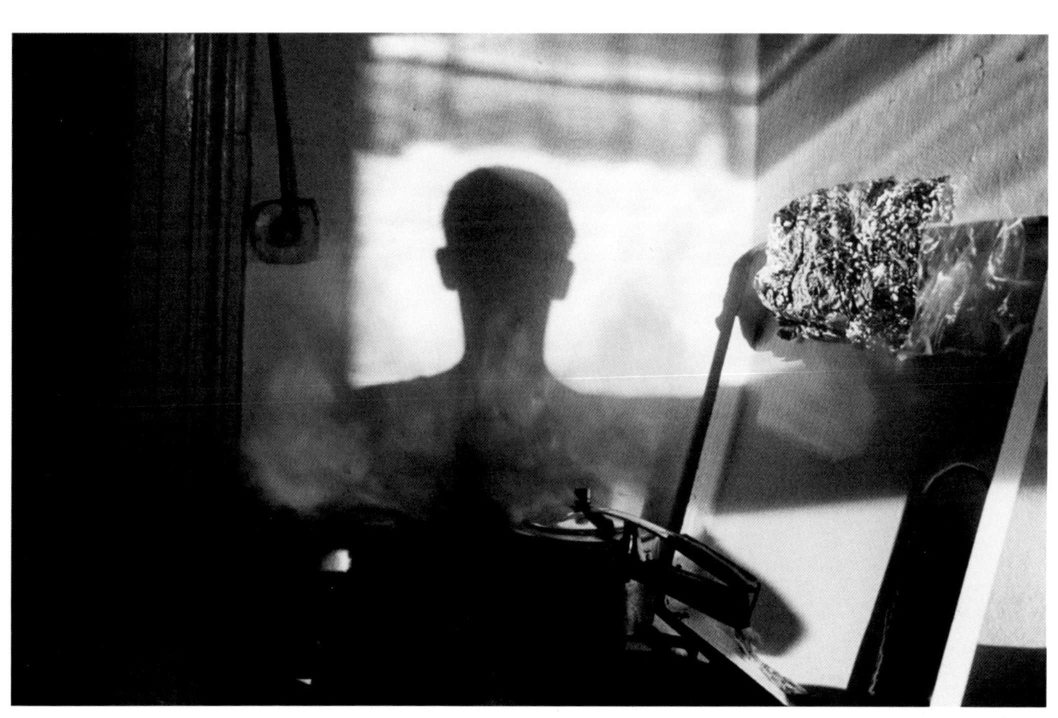

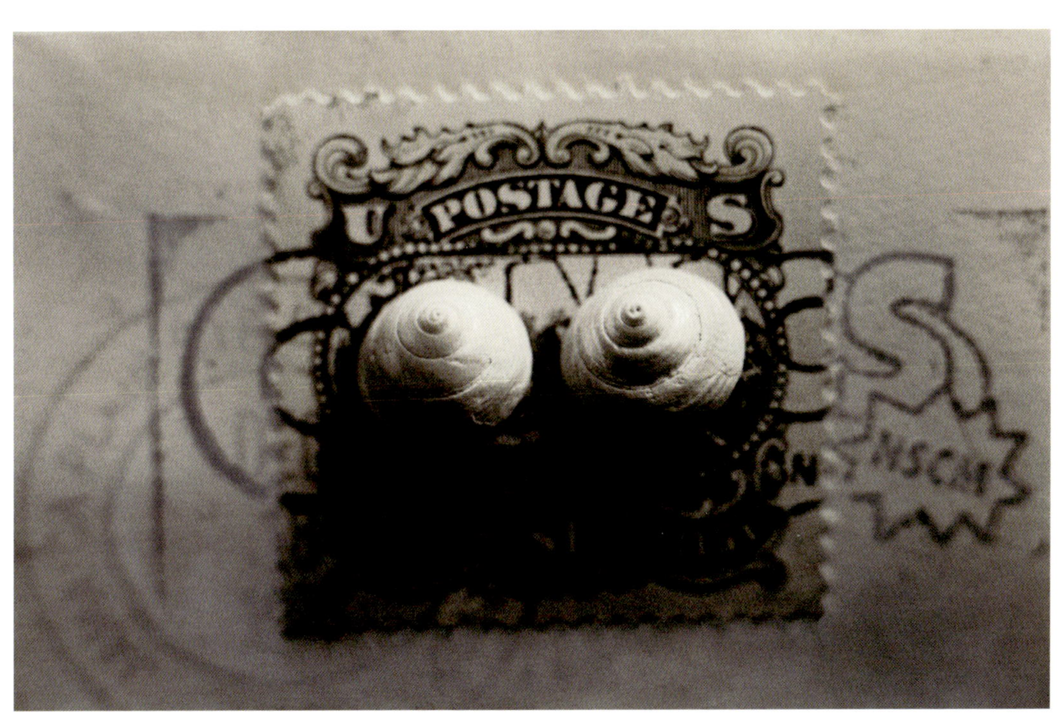
U.S. POSTAGE

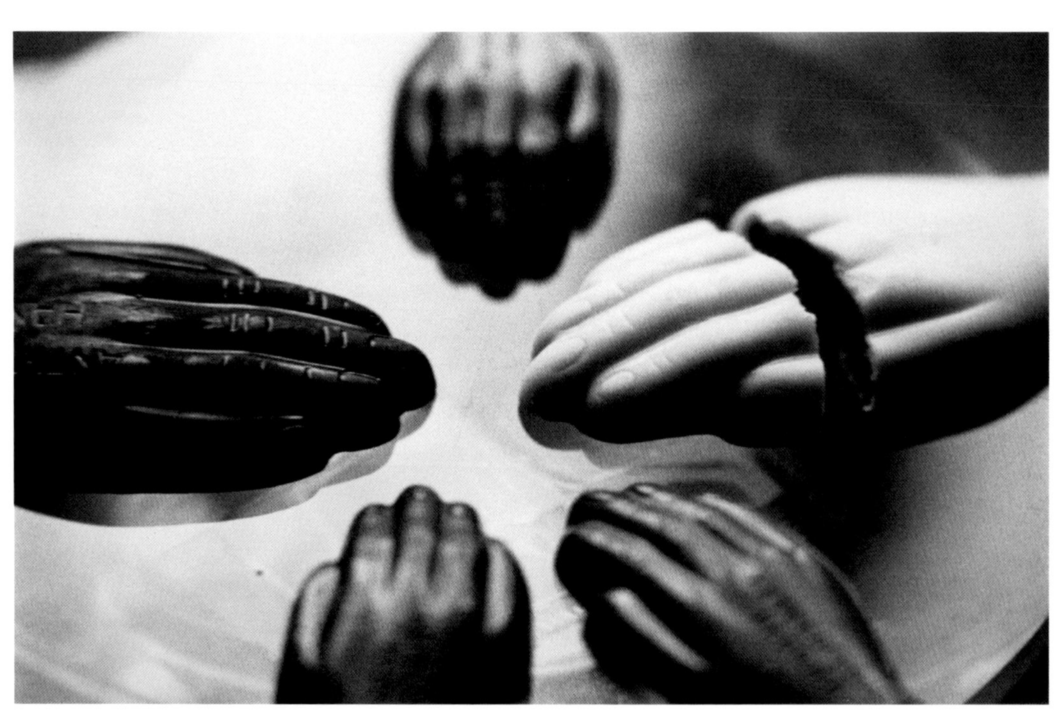

49 **Break-up / Rozchod** 2005–2007

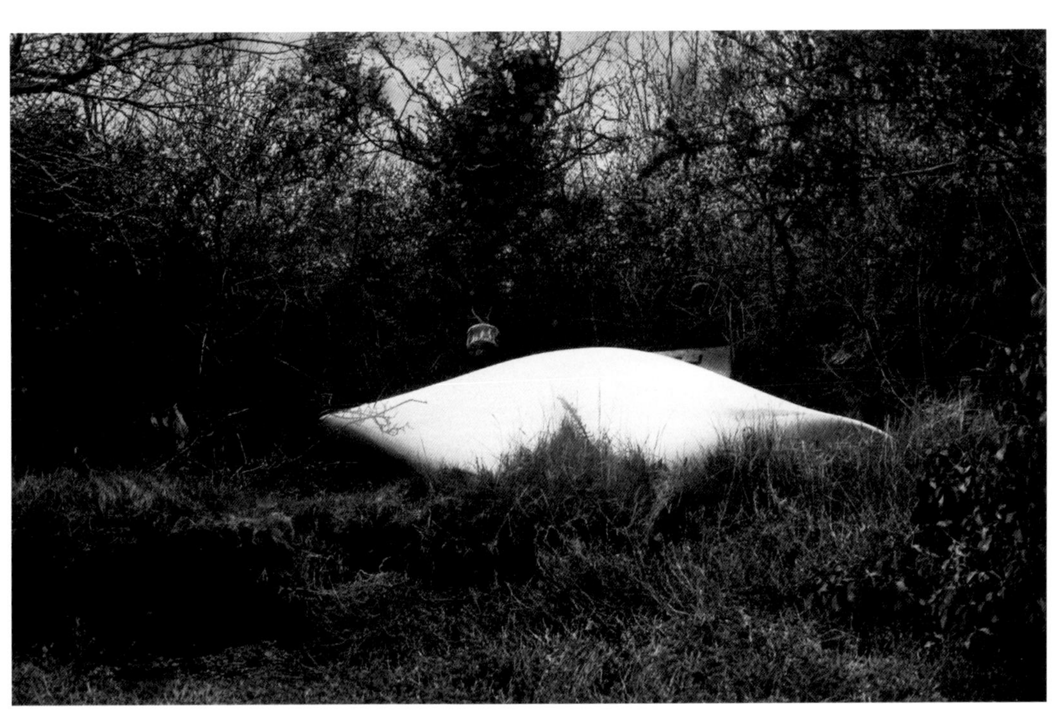

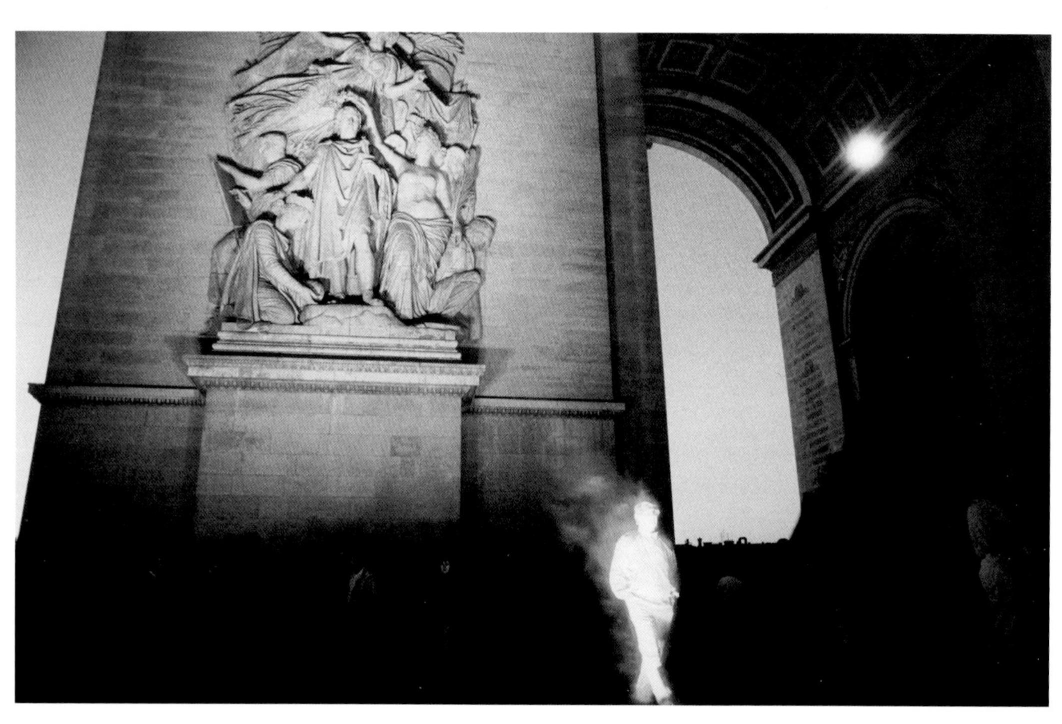

51 **White Man / Biely muž** 1990–1998

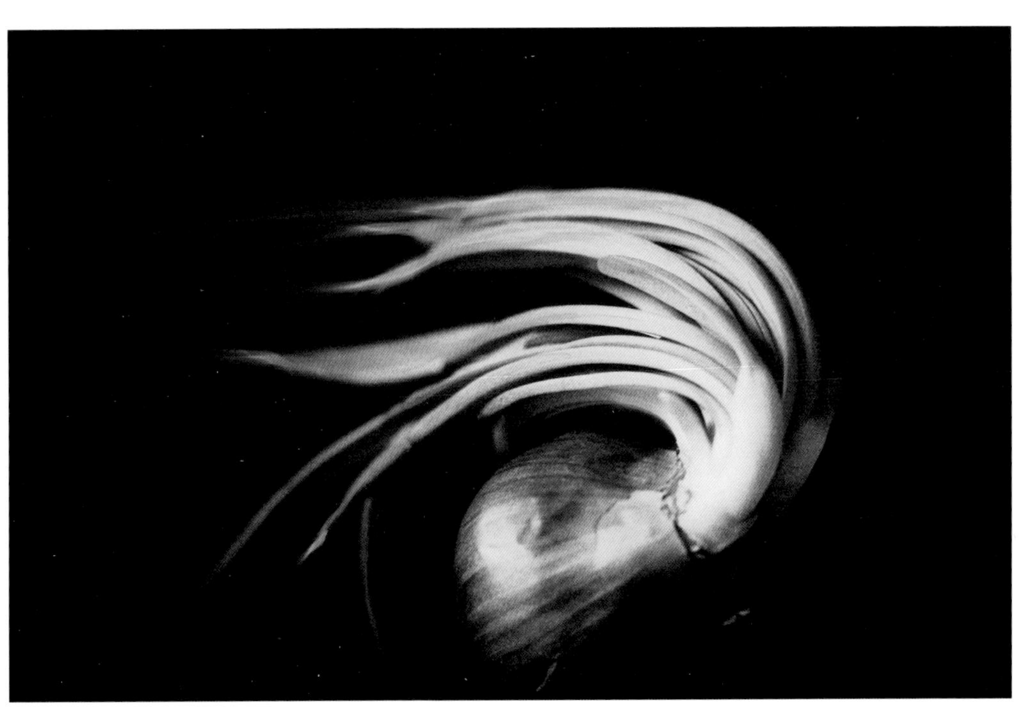

52 **Comet / Kométa** 2003–2004

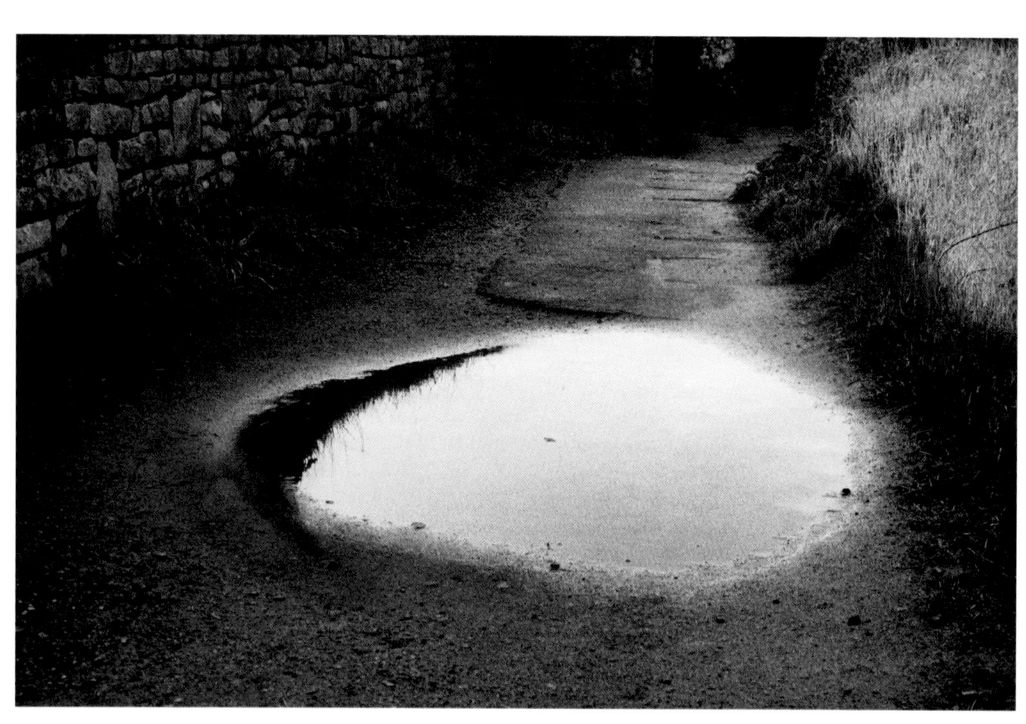

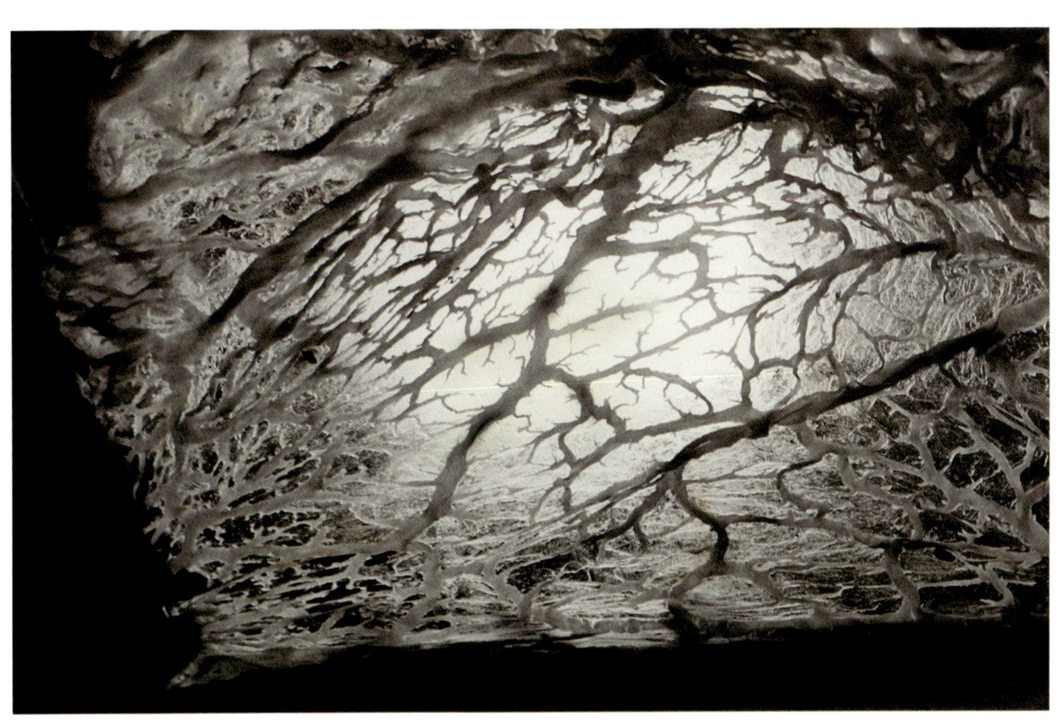

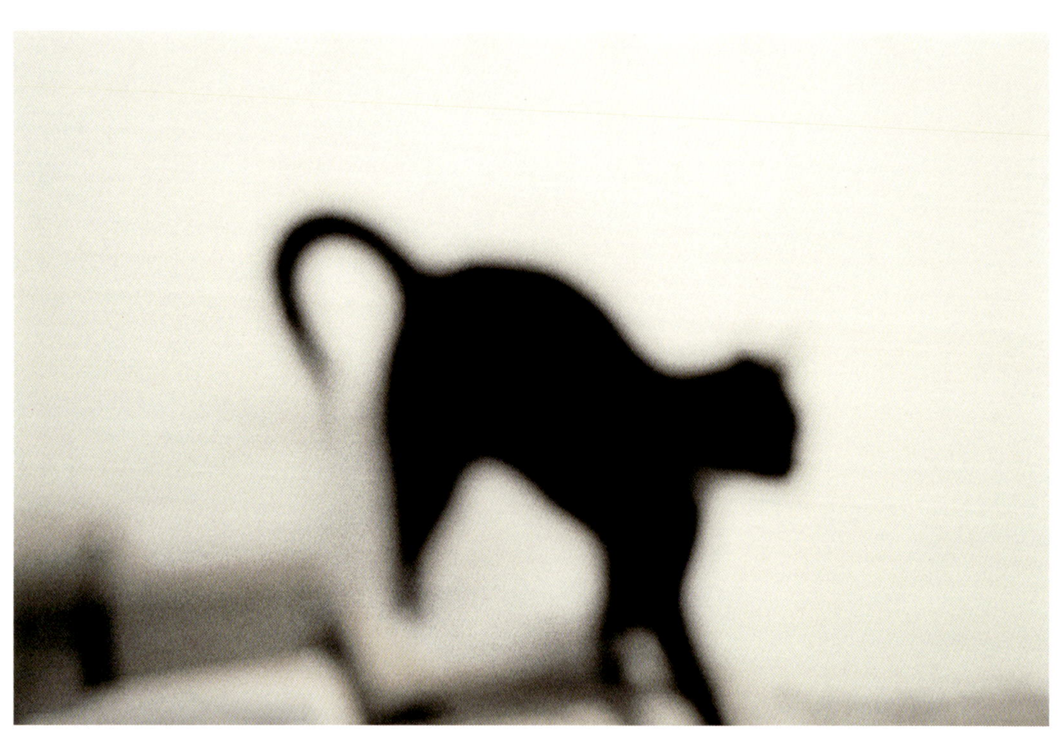

55 **Silhouette / Silueta** 1996–2006

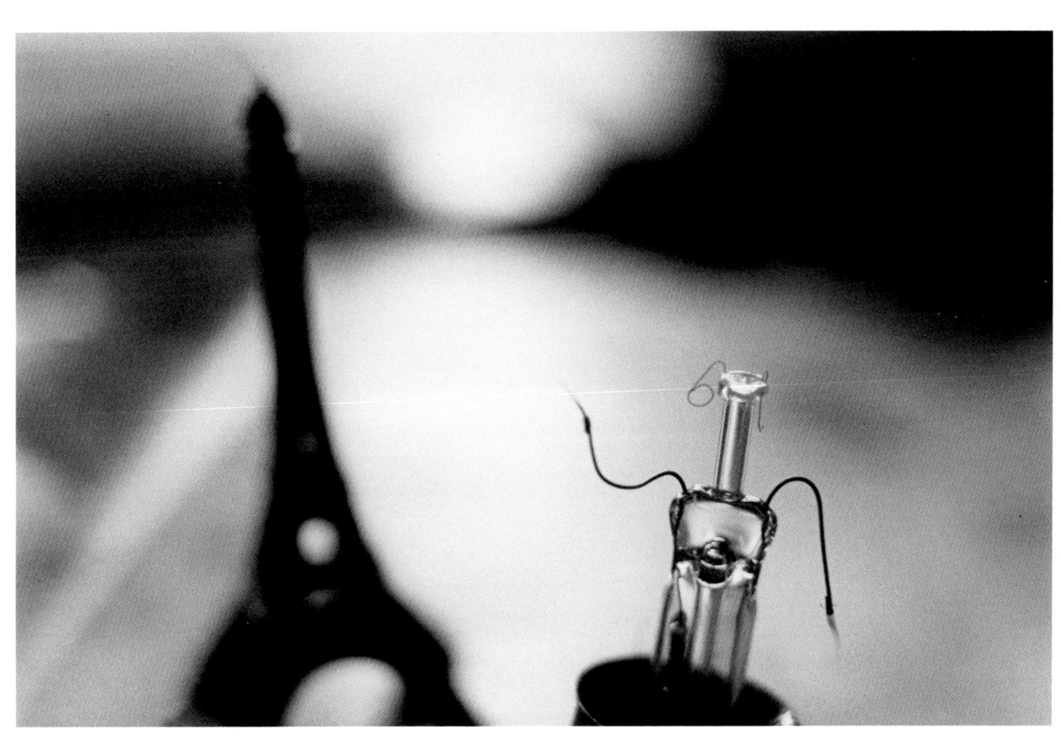

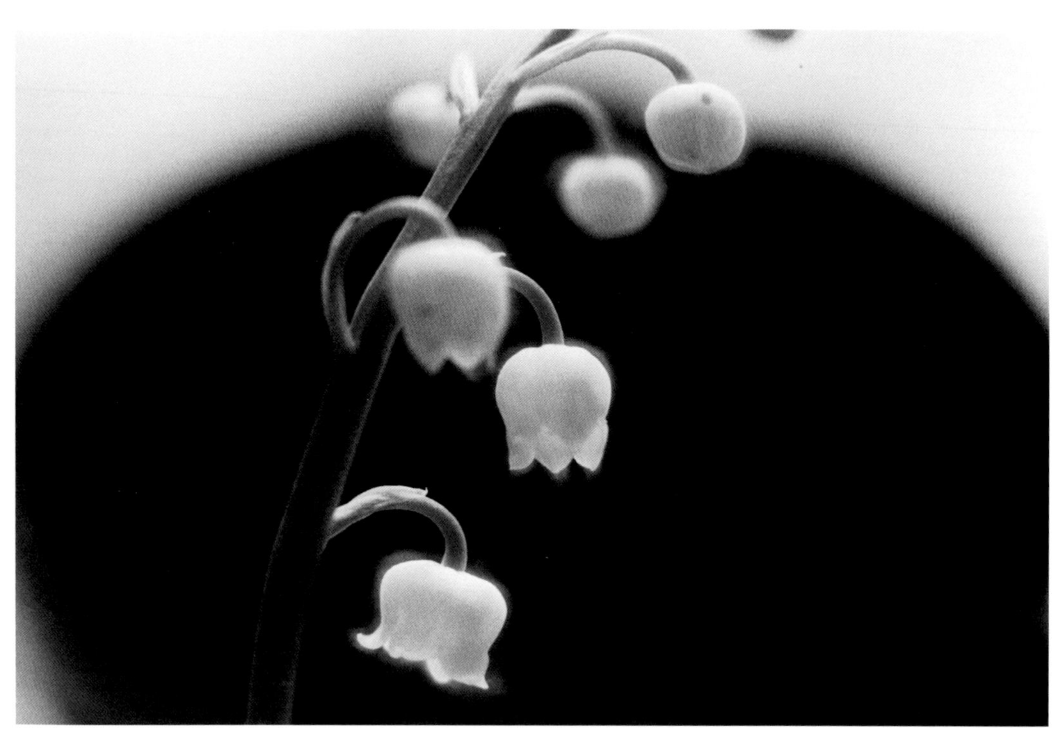

57 **Art Nouveau** 1995–1997

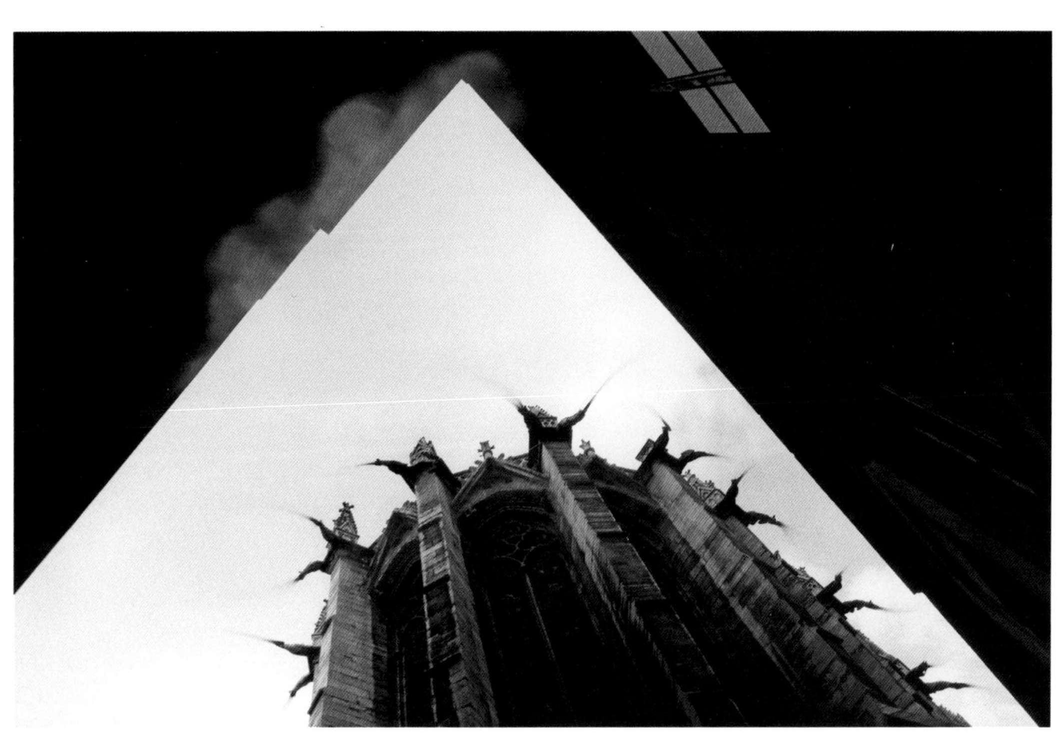

58 **La Chapelle Royale** 2004–2005

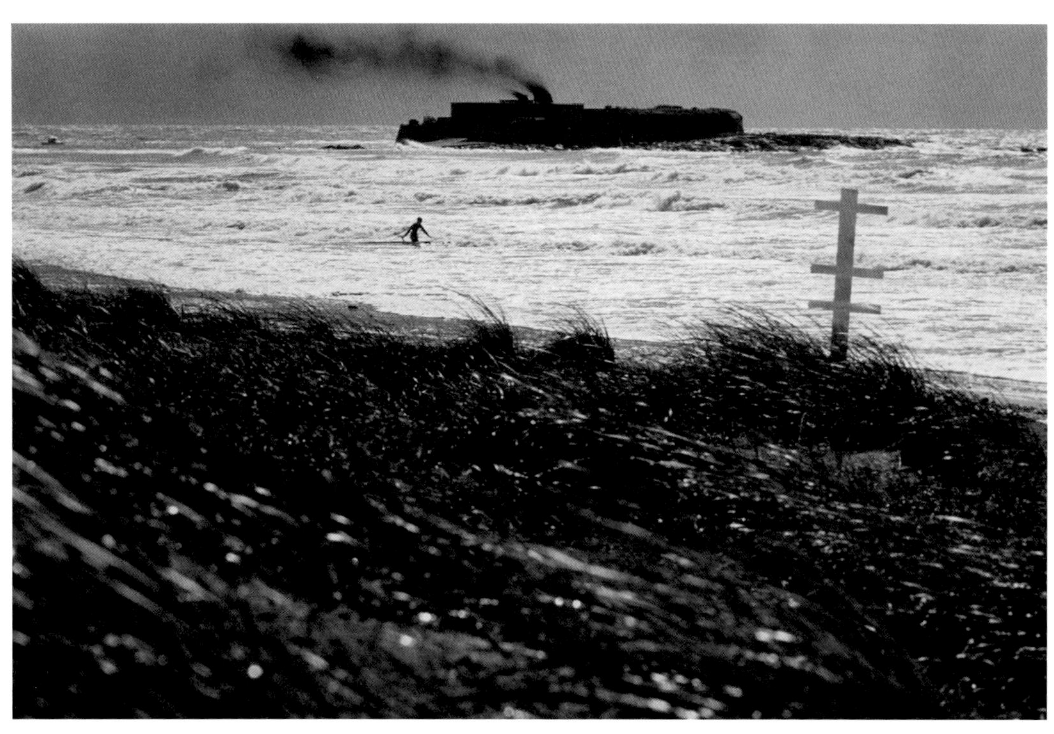

59 **Fortress / Pevnosť** 1994–1996

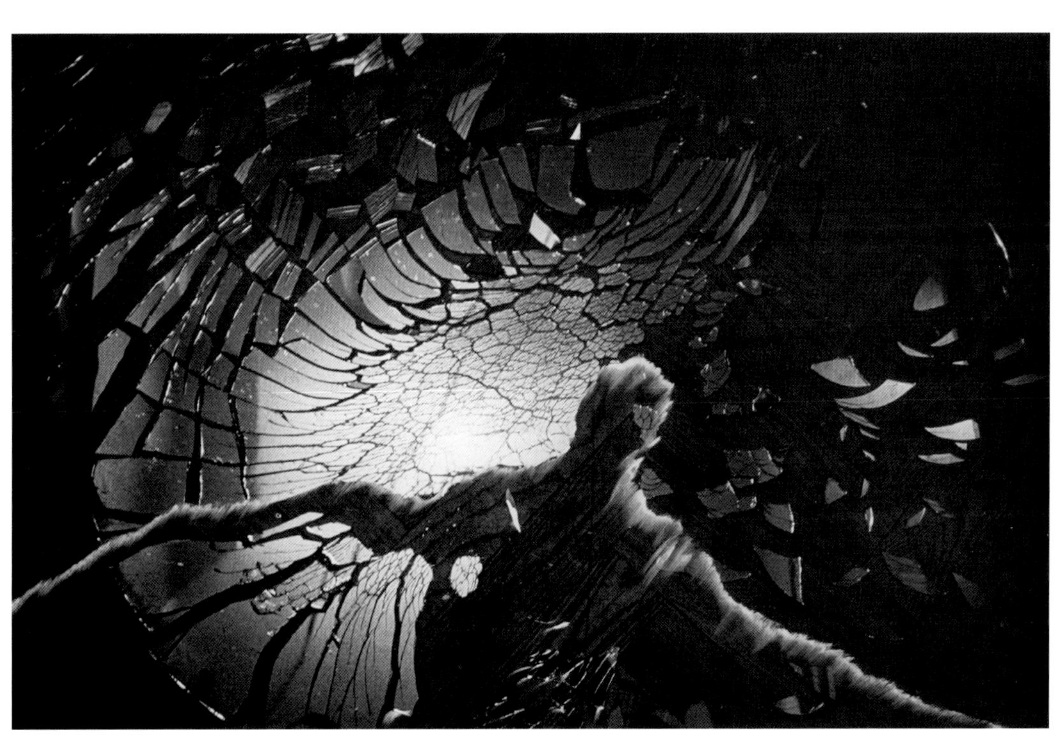

60 **Icarus / Ikaros** 1985–1988

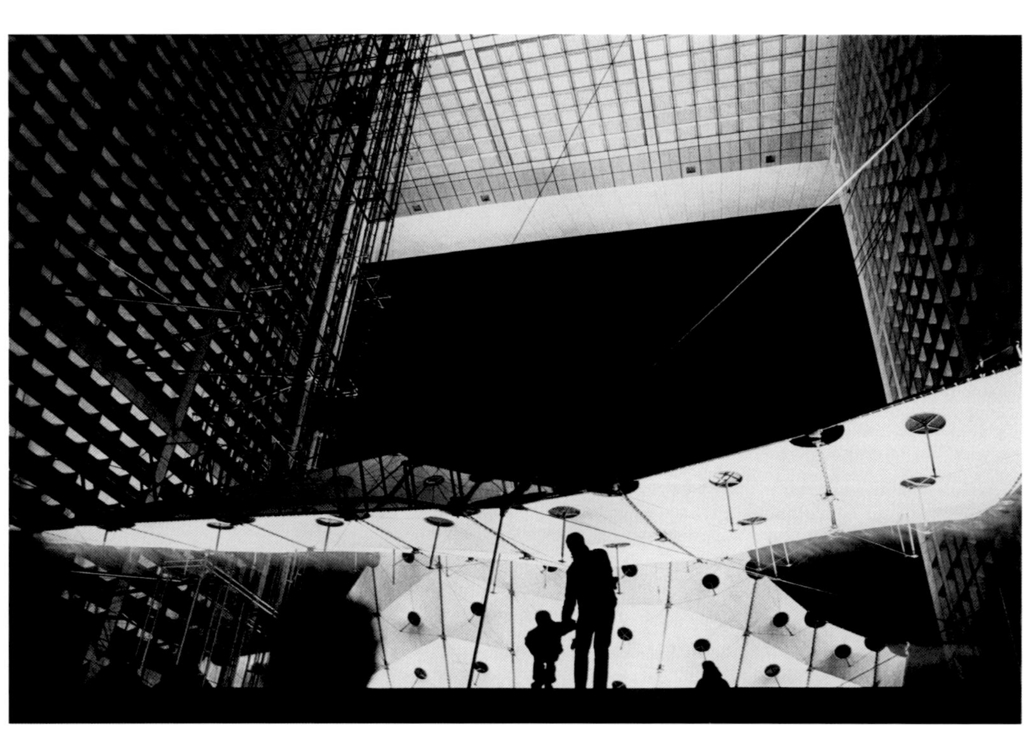

61 **Night Flight / Nočný let** 1990–1991

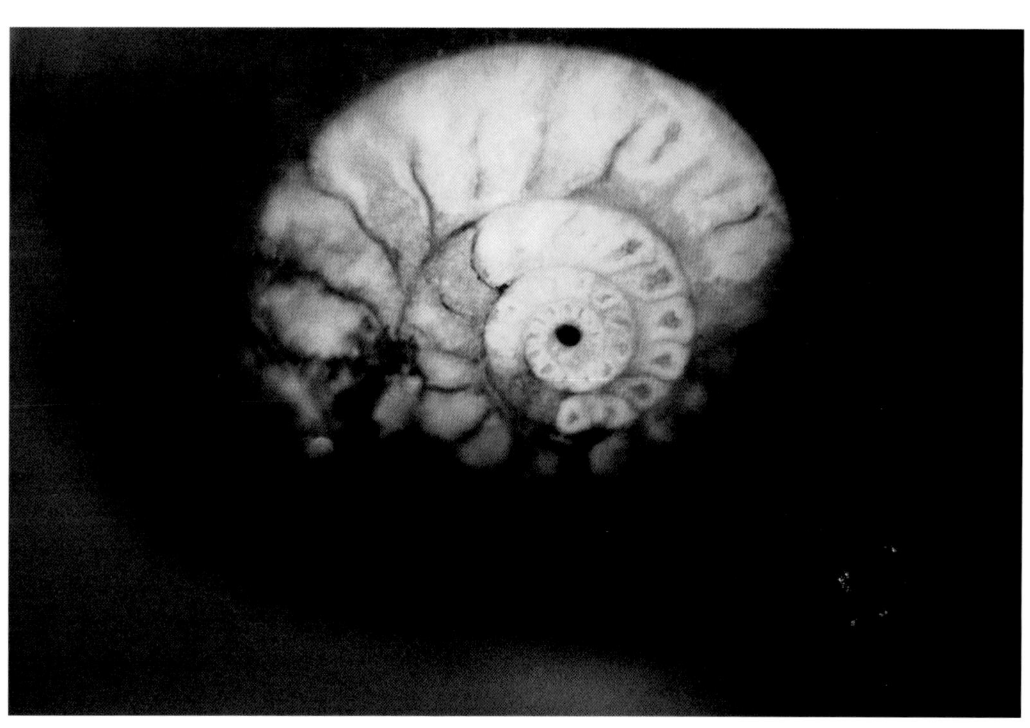

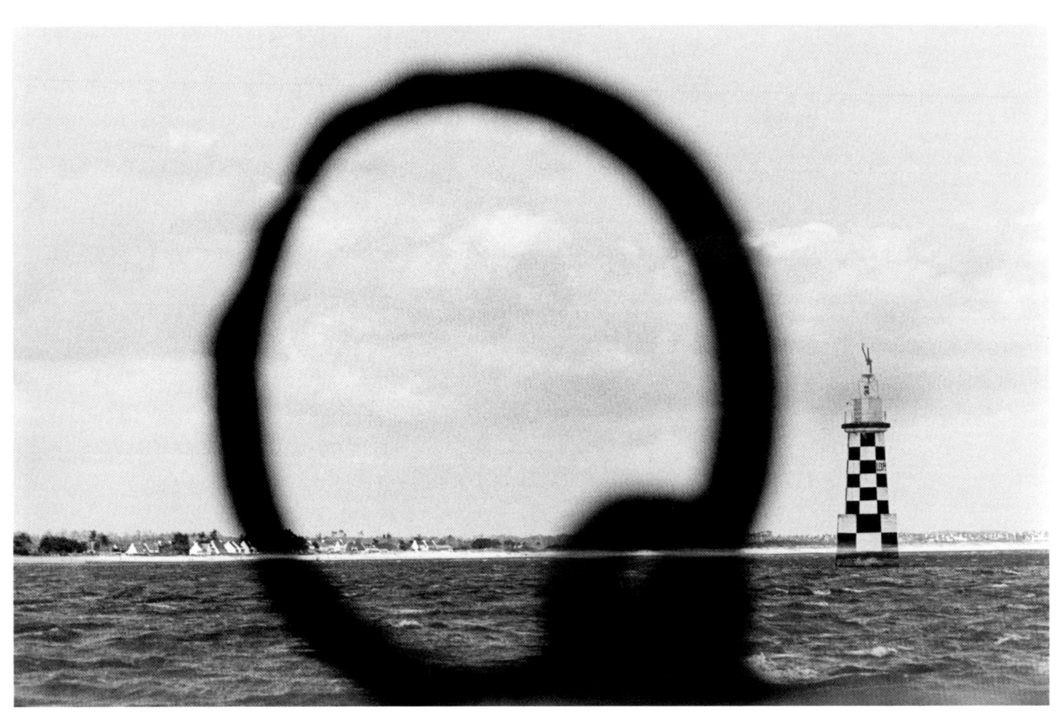

63 **A Lighthouse for Kamil Lhoták / Maják pre Kamila Lhotáka** 1994–1995

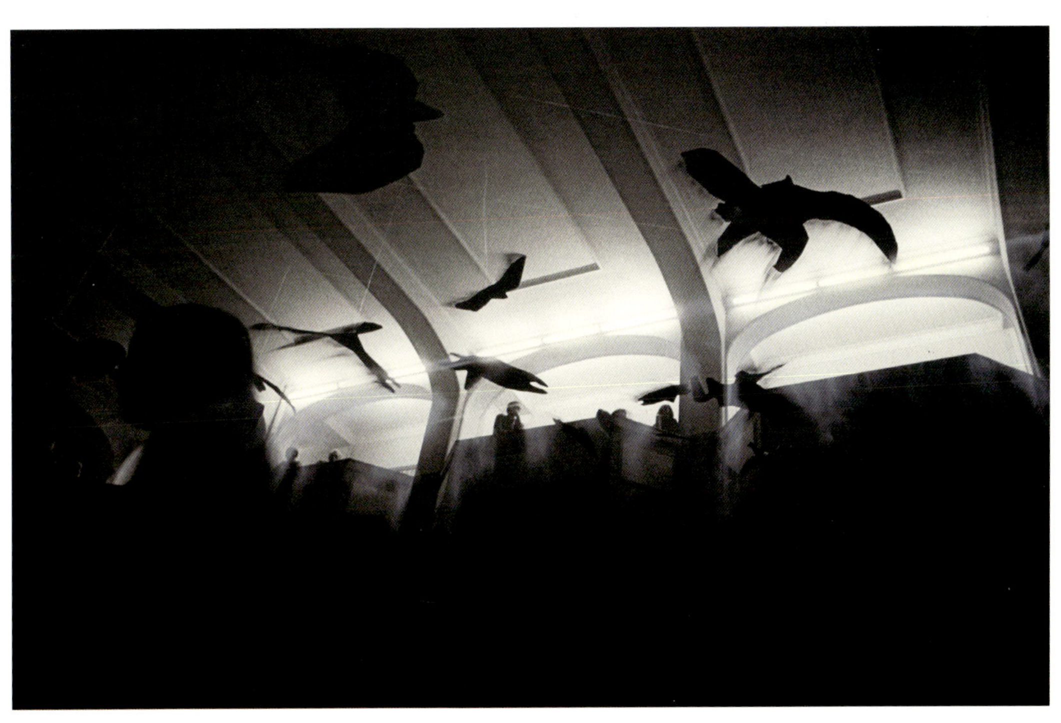

64 **Vampire Ball / Ples upírov** 1984–1993

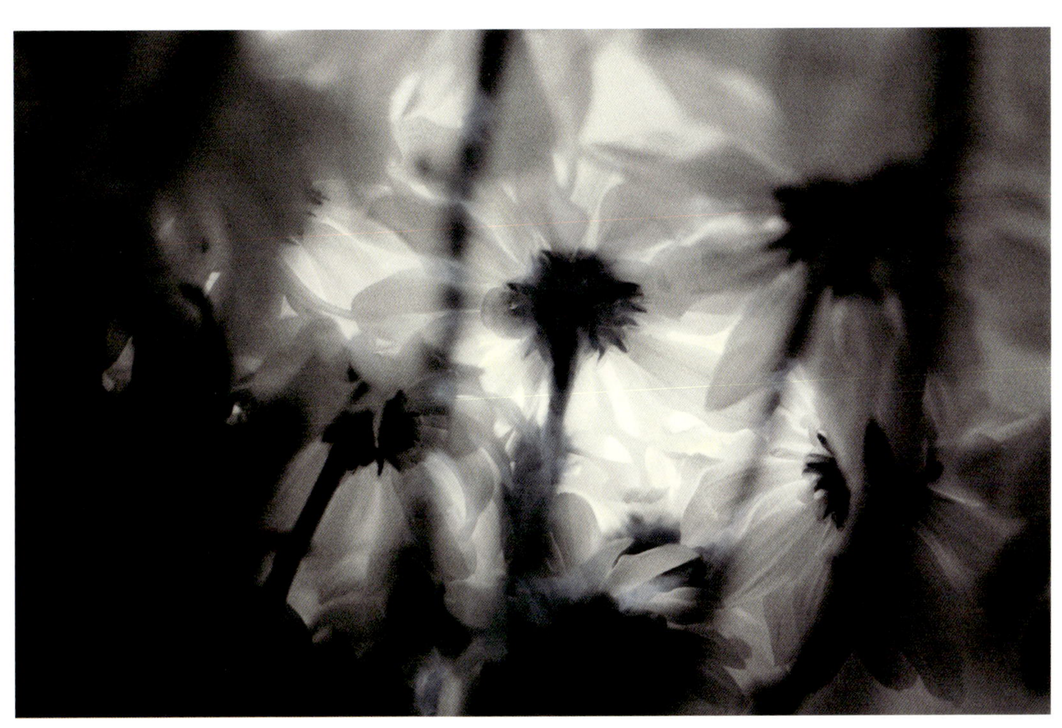

65 **Chrysanthemums / Chryzantémy** 1997–2003

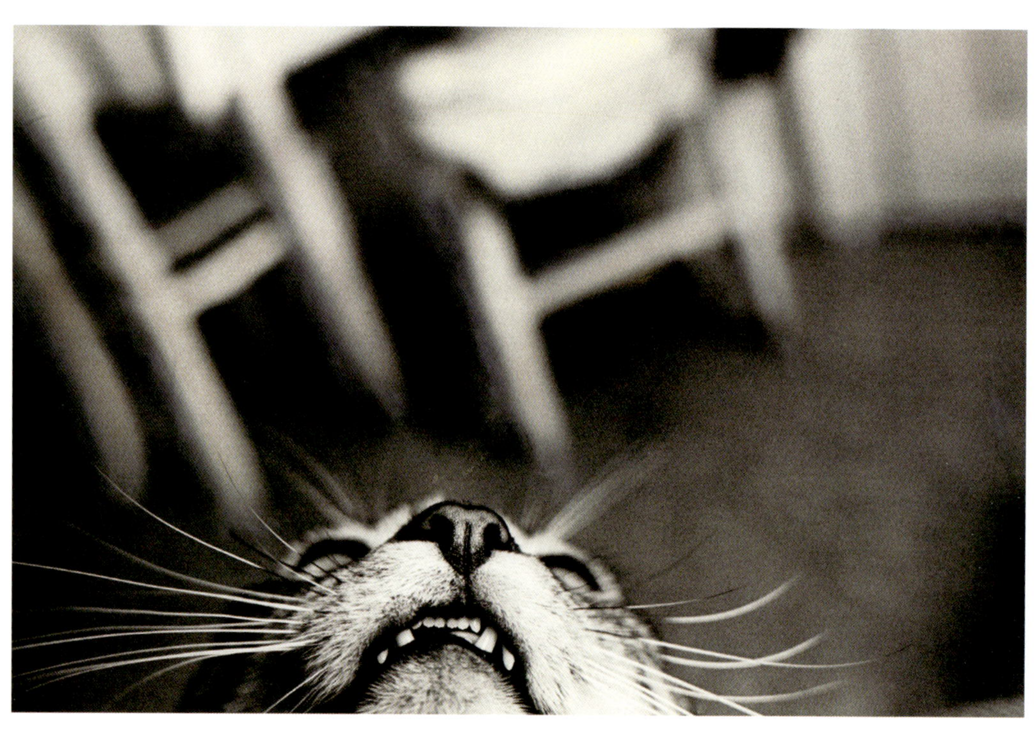

66 **The Cat That Would Be a Tiger / Mačka, ktorá chcela byť tigrom** 1985–1990

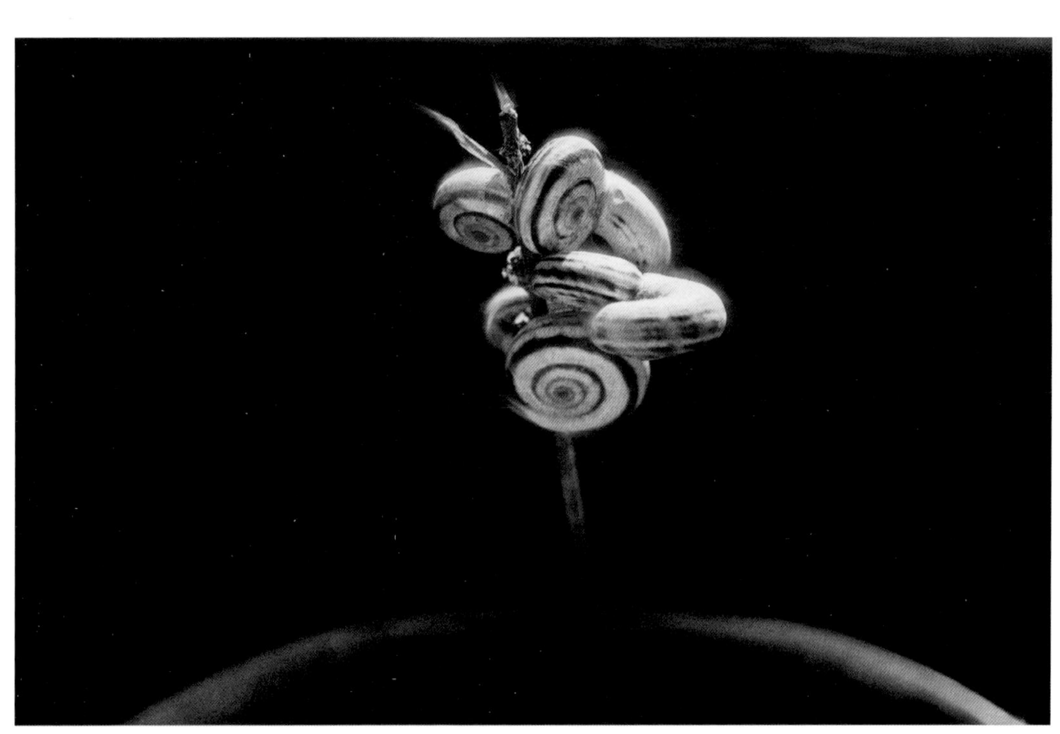

67 **Silence / Ticho** 2001–2004

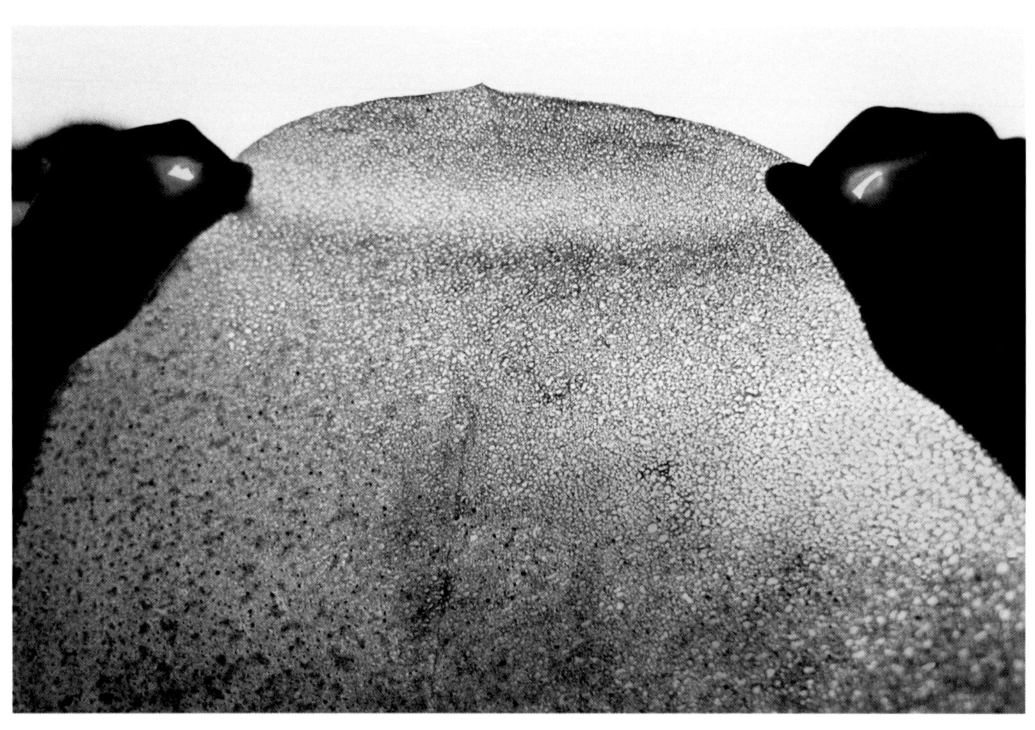

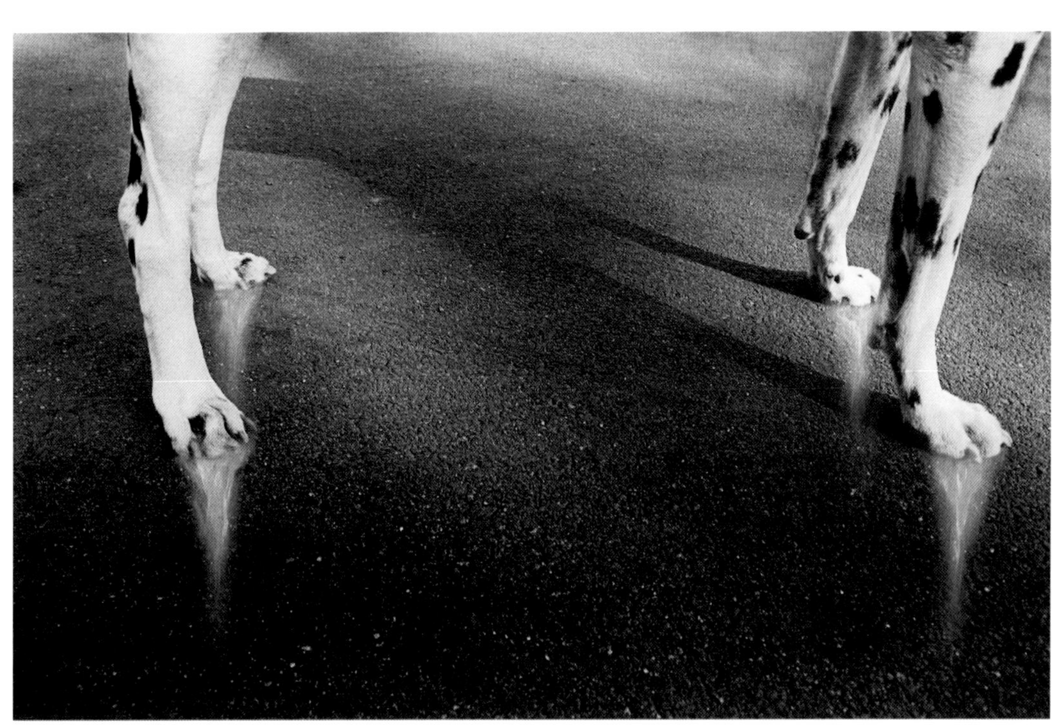

69 **Stability / Stabilita** 1985–1990

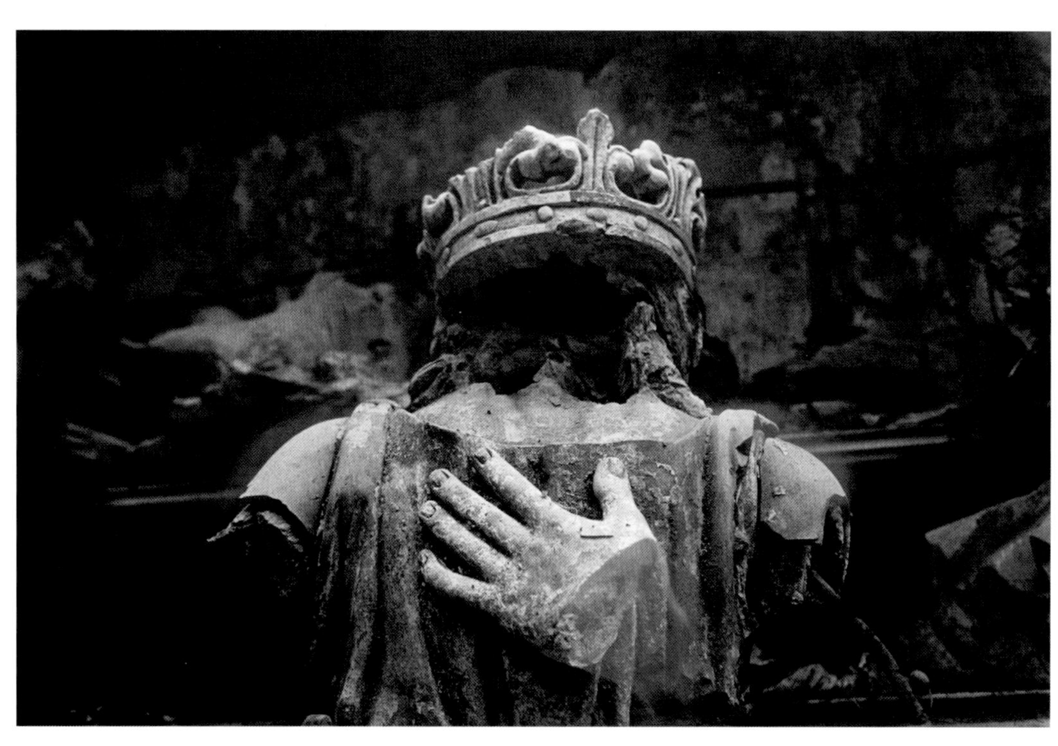

70 **Oath / Sľub** 1999–2005

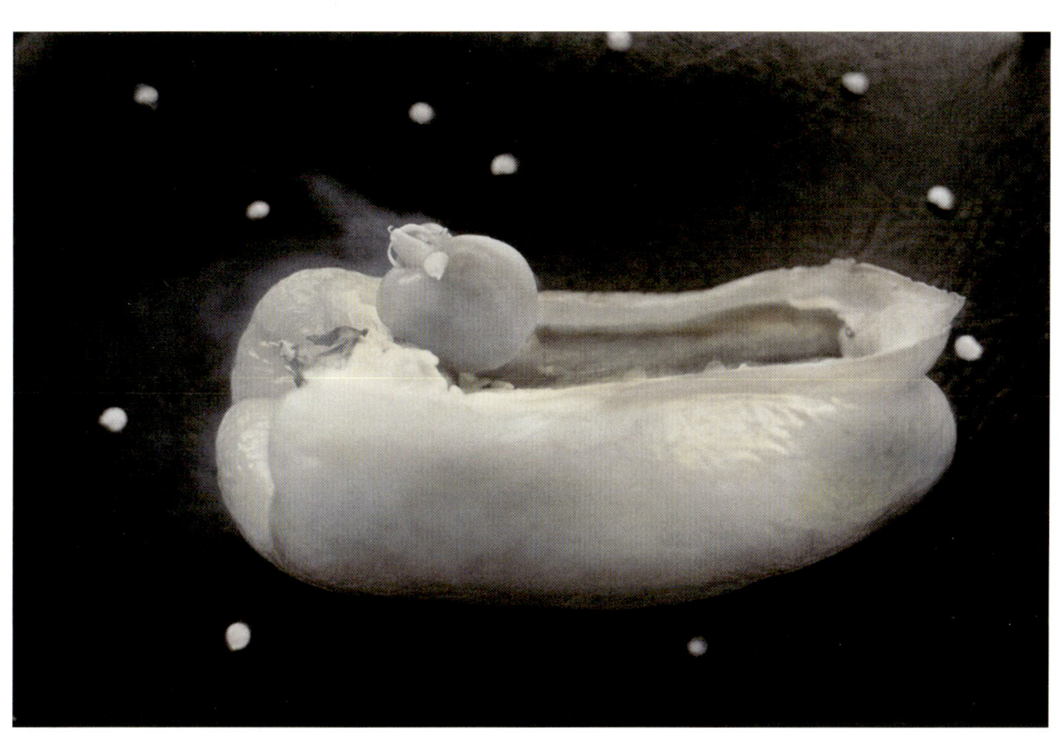

71 **Barque of Dreams / Koráb snov** 1995–1997

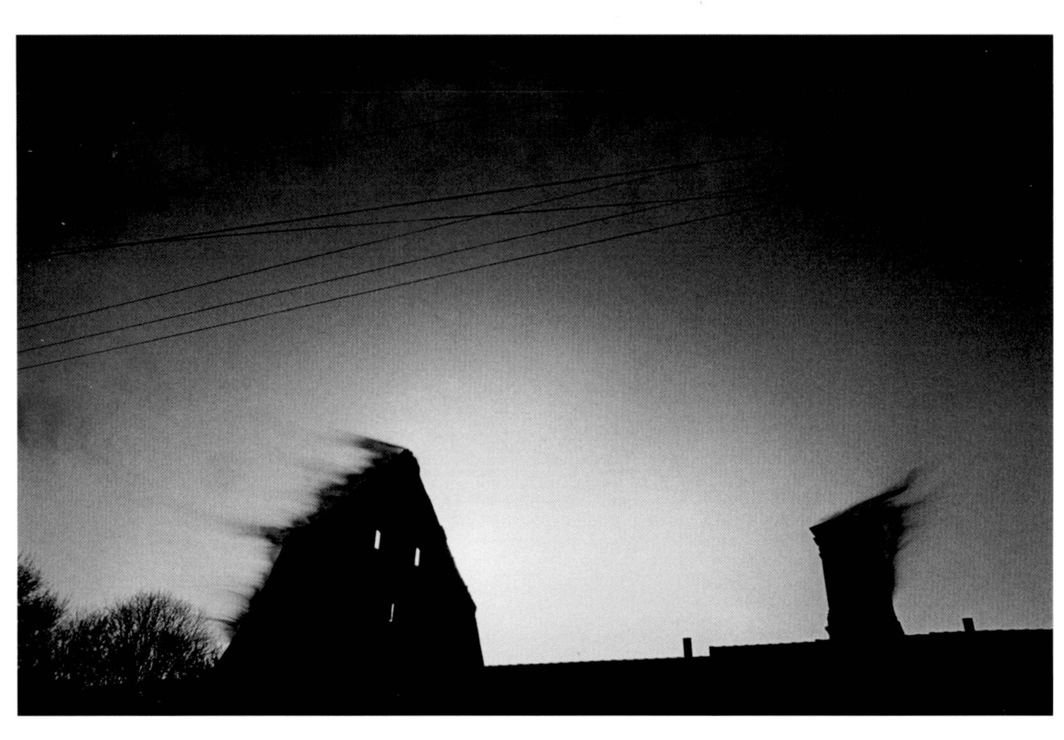

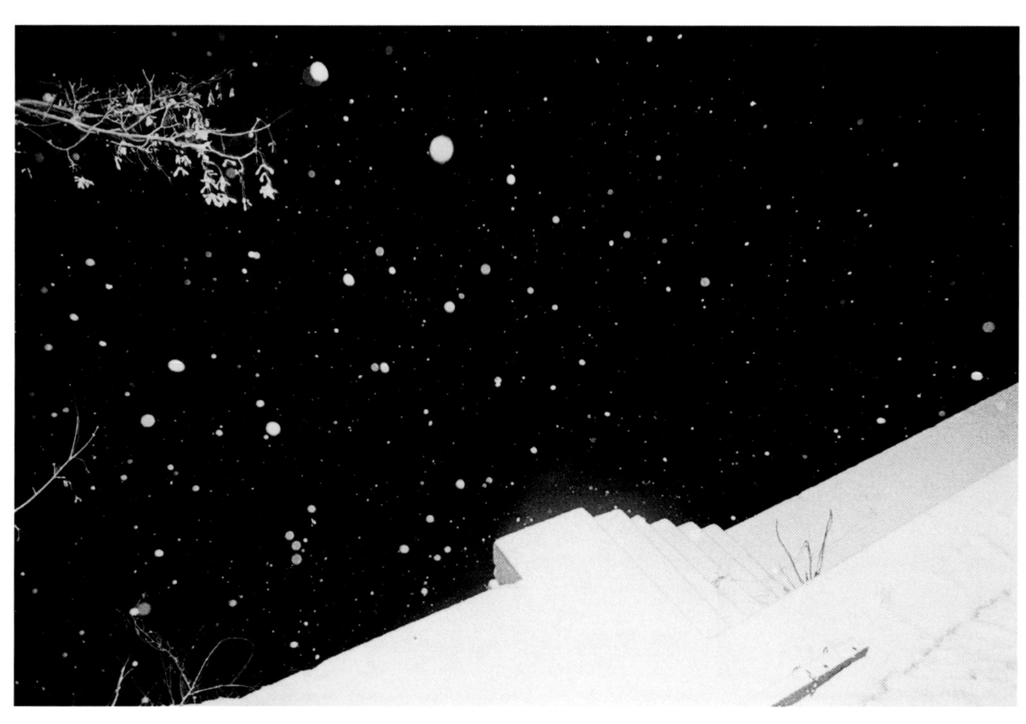

73 **Stairway to Heaven / Schody do neba** 1984–1990

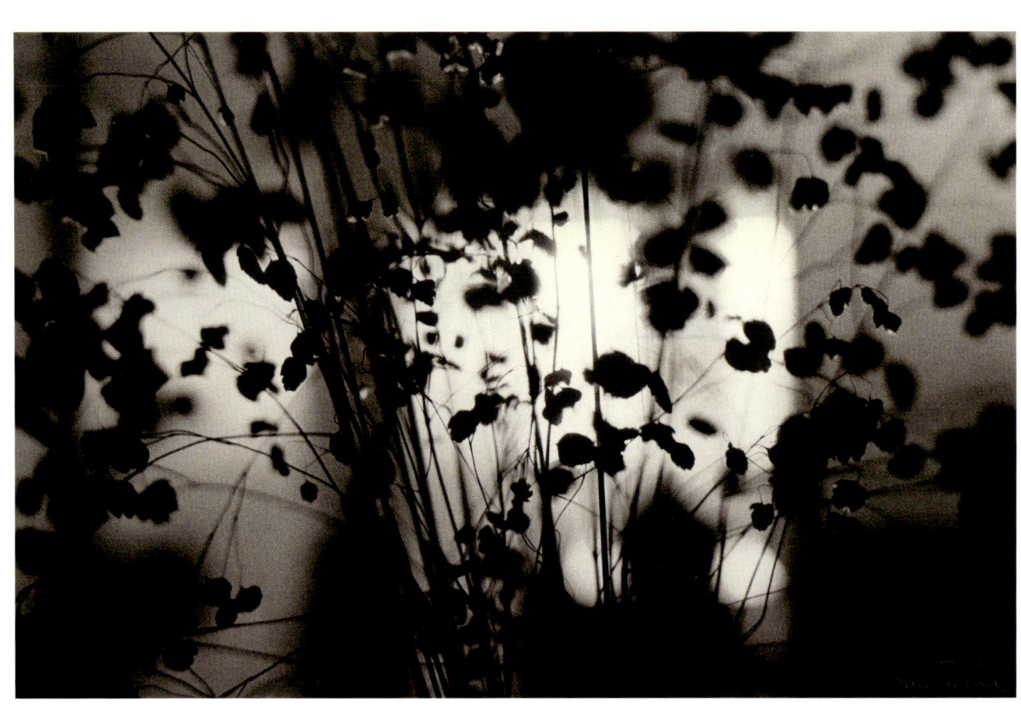

74 **Morning / Ráno** 1993–1997

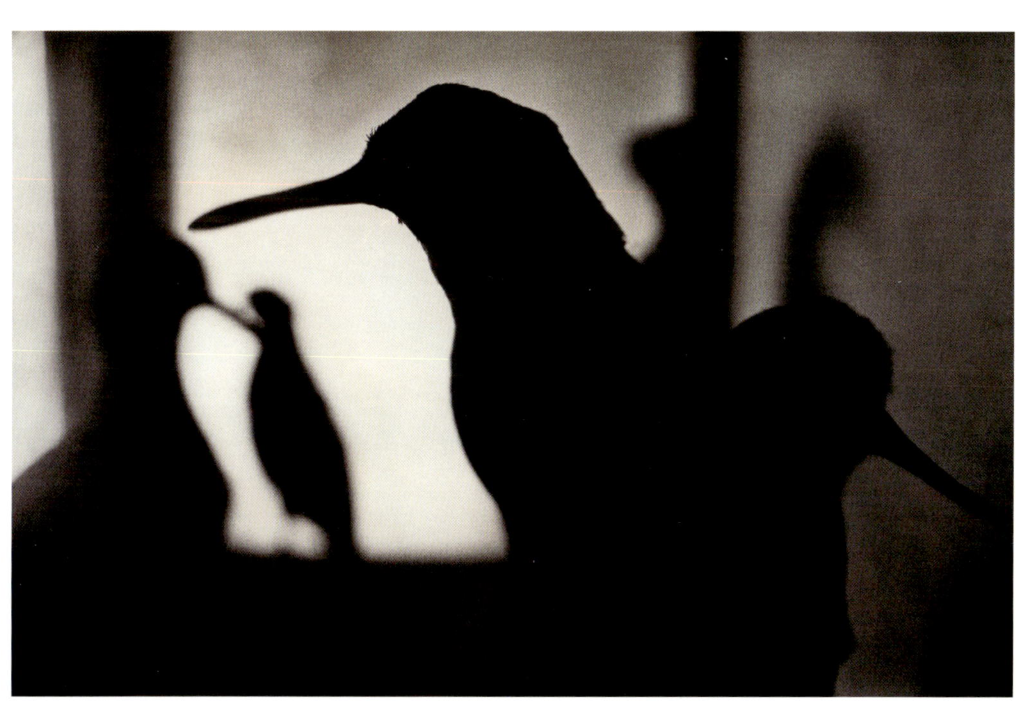

75 **Observers / Pozorovatelia** 1998–1999

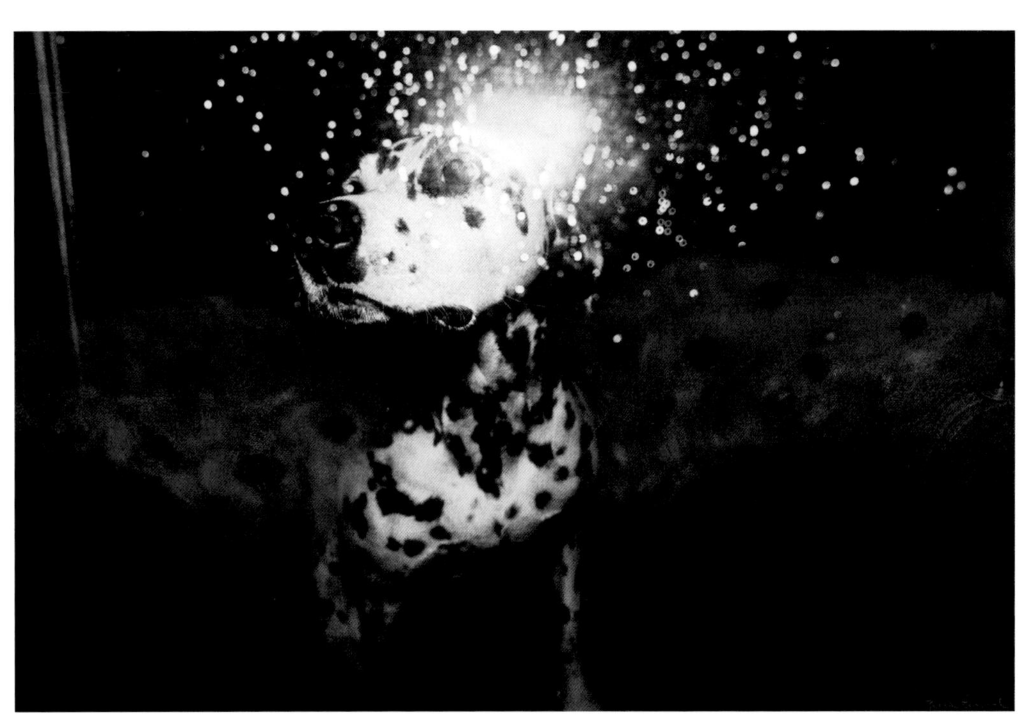

76 **Angel Dog / Anjel pes** 1983–1990

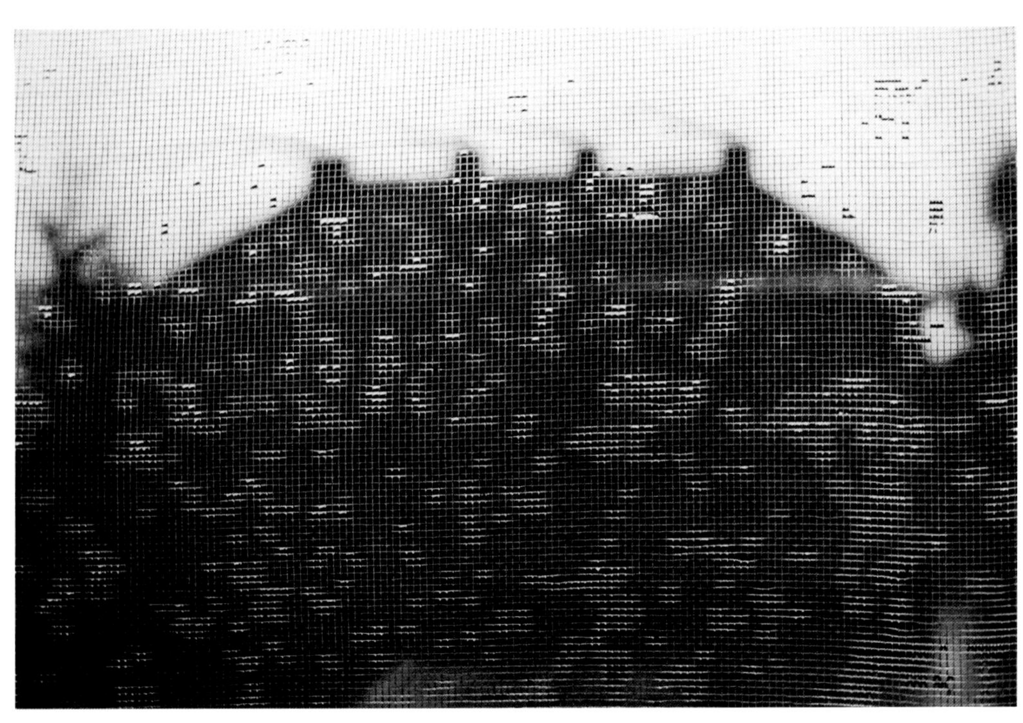

77 And the Ship Sails On / A loď pláva 1985–1993

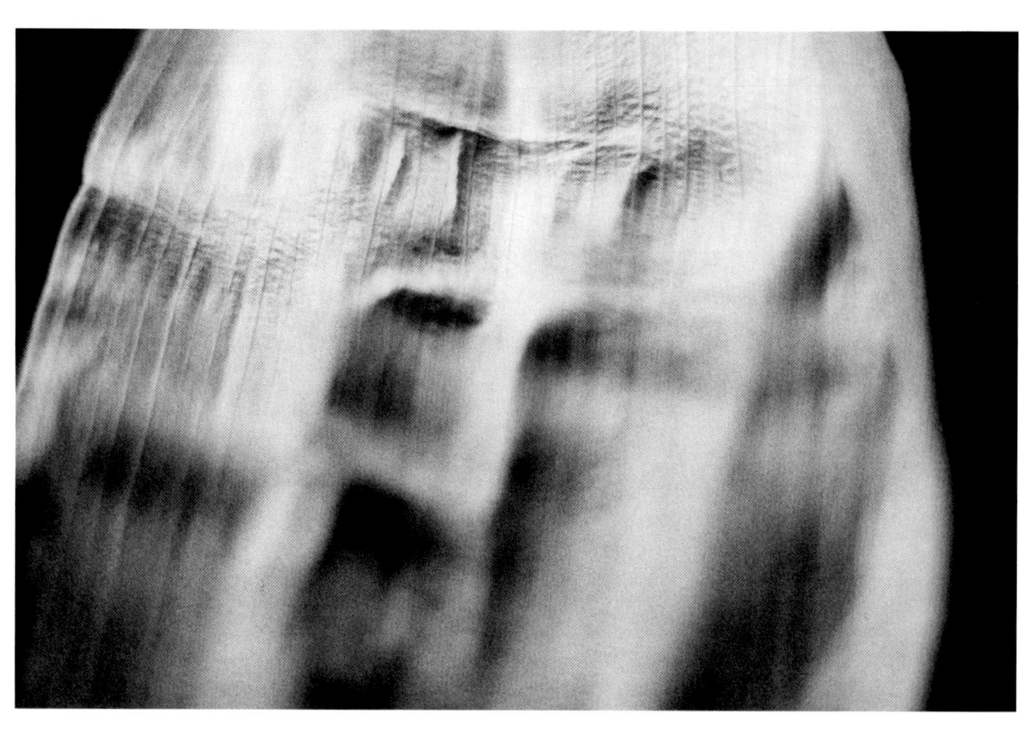

78 **Resurrection / Vzkriesenie** 1999–2004

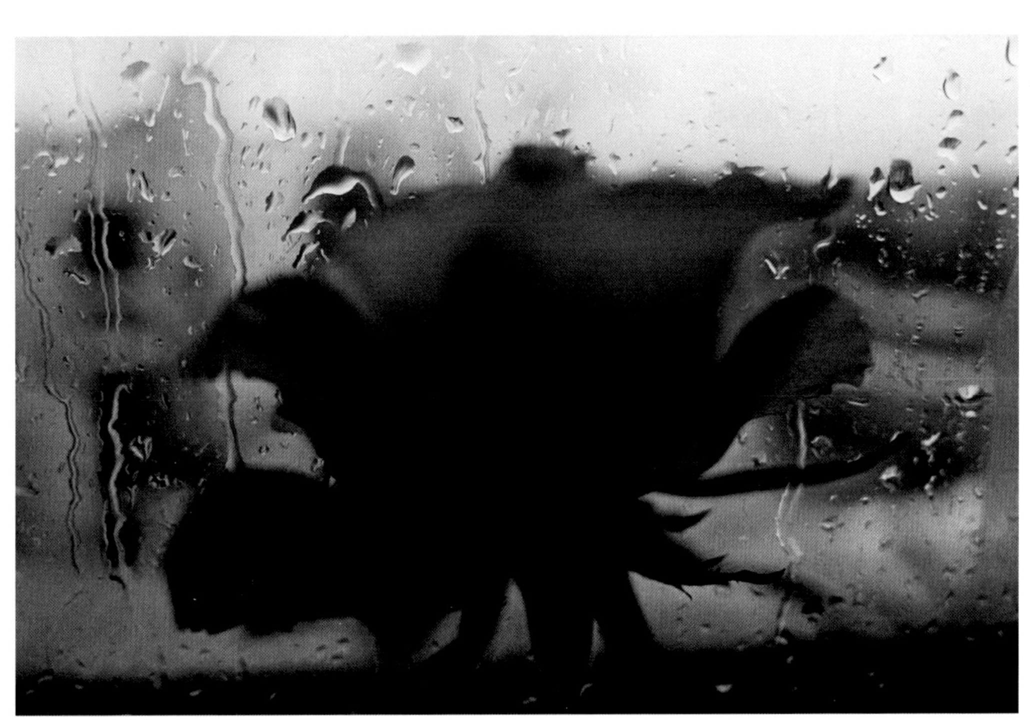

79 **Autumn Rose / Jesenná ruža** 1996–1999

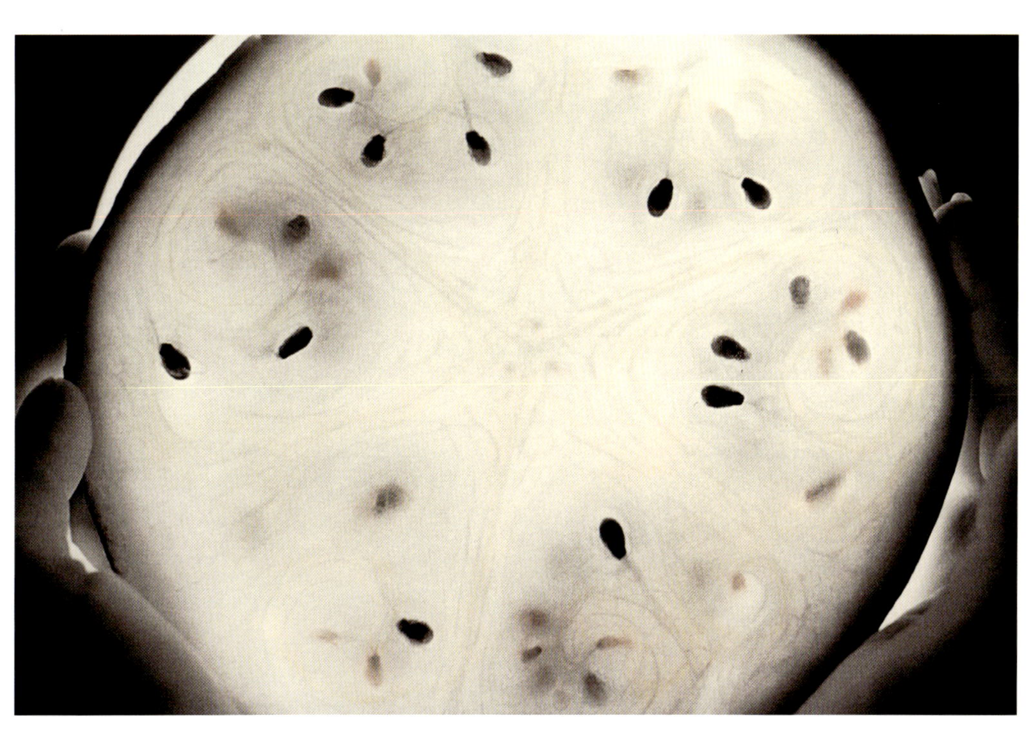

Solo Exhibitions / Samostatné výstavy

1985	FAMU, Praha
1985	*Smútok za dažďom*, Galéria GAMA, Žilina
1985	*Rockfoto*, Palác kultury, Praha
1986	*Dyptichs*, Galeria fotografii, Legnica
1986	Galeria fotografii, Walbrzych
1986	*Vo mne*, Galerie FOMA, Praha
1987	Geldrop Gallery, Gijzenrooi
1989	Galéria na okraji, Bratislava
1989	Galerie Centrum, Plzeň
1989	Dom slovenskej kultúry, Praha
1990	*Pútnici* (s M. Luskačovou a J. Moniatowicz), Spišské múzeum, Levoča
1990	*Tichý – Ambrůz – Župník*, Galerie mladých, Praha
1990	Galerie Pons, Paris
1991	Galerie 4, Cheb
1991	Le Pont Neuf, Paris
1991	Galéria umelcov Spiša, Spišská Nová Ves
1991	Galéria Petra Michala Bohúňa, Liptovský Mikuláš
1992	Galerie Bernanos, Paris
1992	Galerie Ambrosiana, Brno
1993	Galéria Cypriána Majerníka, Mesiac fotografie, Bratislava
1993	Galéria Júliusa Jakobyho, Košice
1993	Pražský dům fotografie, Praha
1993	Malá galerie spořitelny, Kladno
1993	Rencontres Photographiques de la Normandie, Caen
1999	*Zdálky zblízka*, Pražský dům fotografie, Praha
1999	Galerie 4, Cheb
1999	Galéria Café Parnas, Mesiac fotografie, Bratislava
2001	*Grandes petites choses*, Le Pont Neuf, Paris
2001	Dom fotografie, Poprad
2002	*Malé veľké veci*, putovná výstava po Slovensku
2002	*Fontainebleau Rencontre La Bohême*, Fontainebleau
2003	*Prague, mémoires nocturnes*, Centre Culturel tchèque, Paris
2003	*Little Big Things*, Mesiac fotografie, MuseumsQuartier, Wien
2003	*Réalités poétiques*, Galerie Arcturus, Paris
2004	*Maximální fotografie*, Pražský hrad, Praha
2004	Ateliér Josefa Sudka, Praha
2004	Galerie České pojišťovny, Praha
2005	Galerie Baudelaire, Antwerpen
2005	La Maison de l'Europe, Paris

2005   Palais de Justice, Paris
2007   Dom umenia, Mesiac fotografie, Bratislava
2007   *Moje oči v Levoči*, Levoča
2007   *Malé veľké veci*, Radniční výstavní síň, České Budějovice
2007   *Magický les*, Mezinárodní filmový festival, Zlín
2008   Hrad, Spišské múzeum Levoča, Spišský hrad
2008   *Le forêt magique*, Espace Icare, Issy-les-Moulineaux
2008   *Poésie surréaliste*, Photofolies en Touraine, Musée Honoré de Balzac, Château de Saché
2008   *Kalvar – Zupnik*, Galerie Arcturus, Paris
2009   *Regards pragois*, Chapelle Saint Vincent, Senlis
2009   *Moje oči v Levoči*, Městská galerie, Litomyšl
2009   *Boží Spiš*, Levoča
2010   *Boží Spiš a Litomyšl*, Městská galerie, Litomyšl

Selected Group Exhibitions / Účast na skupinových výstavách

1982   *Fotografie studentů FAMU*, Praha
1982   *Fotografie studentů FAMU*, Muzeum fotografie, Vilnius
1983   *Fotografie studentů FAMU*, CILECT, Karlovy Vary
1984   *Trendy slovenskej fotografie*, Galéria F, Banská Bystrica
1984   *Photography of FAMU Students*, Stockholm
1984   *Zeitgenössische Tschechische Fotografie*, Raum Antrazit, Essen
1985   Pštrossova 1, Praha
1985   *27 Contemporary Czechoslovakian Photographers*, The Photographers' Gallery, London and Bristol
1985   *Fotografie absolventů FAMU*, Kabinet fotografie Jaromíra Funkeho, Dům umění, Brno
1986   *Konfrontacje fotograficzne*, Gorzow
1986   *Foto Festival*, Amsterdam
1986   *Le jeune photographie tchèque*, Galerie Arena, Arles
1986   *Photography of Theatre*, Novi Sad
1986   *Divadelní fotografie*, Národní divadlo, Praha
1986   *Fotografie absolventů FAMU*, Brno
1987   *Out of Eastern Europe: Private Photography*, MIT List Visual Arts Center, Cambridge, Massachusetts
1987   *Concentration*, Galleria Finnfoto, Helsinki
1987   *Fotografie der Absolventen FAMU*, München
1988   *Vize*, Dům umění, Brno; Galerie 4, Cheb
1988   *Autoportrét '88*, Galéria Na okraji, Bratislava
1988   *Out of Eastern Europe: Private Photography*, New York, San Francisco, Portland, Chicago
1988   *Questioning Europe: Reinterpretations within Photography*, Fotobiennale, Rotterdam
1988   *Jedenáct*, Galerie FOMA, Praha

1989	*Tuctová výstava*, Výstavní síň Můstek, Praha
1989	*Slovenská fotografia 80-tych rokov*, Bratislava, Brno, Warszawa
1989	*Cesty československé fotografie*, Dům u Kamenného zvonu, Praha
1989	*Československá fotografie 1945–1989*, Valdštejnská jízdárna, Praha
1989	*37 fotografů na Chmelnici*, Praha
1989	*Listopadové události*, Máncs, Praha
1989	*Contemporary Czechoslovak Photography*, Amsterdam
1989	*Stretnutie 02 – Slovenskí absolventi FAMU*, Bratislava
1990	*Choice, Nineteen Contemporary Czechoslovak Photographers*, FotoFest, Houston
1990	*Contemporary Czechoslovak Photography*, Jacques Baruch Gallery, Chicago; Stuart Levy Gallery, New York
1990	*L'année de l'Est*, Musée de l'Elysée, Lausanne
1990	*Most + Holandsko*, Galerie ÚLUV, Praha
1990	*Tschechoslowakische Fotografie der Gegenwart*, Museum Ludwig, Köln
1990	*Biennale Internationale de Marseille*, Marseille
1990	*Rencontres Internationales de la Photographie*, Arles
1990	*Positivita*, Fotogalerie Wien, Wien
1990	*Česká symbolika*, Výstavní síň ÚLUV, Praha
1991	*Contemporary Czechoslovak Photography*, Five Photographers from Czechoslovakia, Gallery Parco, Tokyo
1991	*Tajemství ve fotografii*, Galerie 4, Cheb
1991	*Nuit culturelle 1991*, Nancy
1991	*Foto Biennale*, Enschede
1991	*Slovak Staged Photography*, Museum of Dance, Stockholm
1991	*La Photographie en mietes*, Galerie du Forum Centre Georges Pompidou, Paris
1992	*Cercle Culturel de la Fundacio La Cawa*, VIC, Primavera Fotografica, Barcelona
1992	*Štrba–Pinkava–Župník–Stanko*, Wien
1992	*Slovak Staged Photography*, Helsinki
1993	*A la recherche du père*, Paris Audiovizuel, Paris
1993	*Czech and Slovak Photography – Between the Wars to the Present*, Fitchburg Art Museum, Fitchburg, Massachusetts
1993	*Severné Anglicko na severnom Slovensku*, Festival fotografie a mixmediálneho umenia, Poprad
1993	*Krajina v současném výtvarném umění*, Dům u Kamenného zvonu, Praha
1993	*Voices of Slovak Photography 1918–1991*, Boston
1993	*Mladí slovenskí fotografi – Generácia 60*, Tatranská galéria, Horný Smokovec
1993	*Fotografické setkání v Normandii*, Pražský dům fotografie, Praha
1994	*Moře*, Francouzský kulturní institut, Praha
1994	*Animalia*, Galerie Pons, Paris
1994	*Trois regards*, Videothéque de Paris, Paris
1995	*Generation 60*, Photofusion, London
1996	*Soudobá fotografie NOX 1996*, Národní galerie, Palác Kinských, Praha
1996	*Nox*, Galerie 4, Cheb

1996   *Inszenierte Fotografie, Die Prager Fotoszene*, Museum für Photographie, Braunschweig
1997   Le Pont Neuf, Paris
1997   *Halle Meets Prag*, Halle
1997   *Generácia 60*, Dom fotografie, Poprad
1997   *Nox*, Centre Culturel tchèque, Paris
1997   *Quatre Artistes Slovaques, Version Française*, Le Pont Neuf, Paris
1998   FotoFest, Houston
1998   *Halle Meets Prag*, Galerie U prstenu, Praha
1998   *Slovaška imaginativna fotografija*, Cankarjev dom, Ljubljana
1998   *Altered Worlds*, Museum of Contemporary Art, Denver
1998   *Beaute Moderne*, Musée de l'Elysée, Lausanne
1999   *Kortárs Szlovák fotográfia*, Mücsarnok, Budapest
2000   *Współczesna fotografia słowacka*, Centrum sztuki współczesnej, Warszawa
2002   KunstRai, Amsterdam
2002   *Slovenská fotografia 1925–2000*, Slovenská národná galéria, Bratislava
2002   *Česká a slovenská fotografie 80. a 90. let 20. století*, Muzeum umění, Olomouc
2002   *Česká a slovenská fotografia 80. a 90. rokov 20. storočia*, Mesiac fotografie, Dom umenia, Bratislava
2003   *Slovenská fotografia 1925–2000*, Městská knihovna, Praha
2003   *Slovakia Goes Ahead*, Young Slovak Photography. S. Michael and John's Temple Bar, Dublin
2004   Art Paris, Carrousel de Louvre, Galerie Arcturus, Paris
2004   *Eros, Eros, Eros*, Galerie české plastiky, Praha
2004   *Animálie*, Galerie české plastiky, Praha
2005   Maison de l'Europe, Paris
2005   *Florálie*, Galerie české plastiky, Praha
2006   Espace 16, Paris
2006   *Amor Vincit Omnia*, Saarlandische Galerie Berlin–Mitte, Berlin
2007   *Slovenská nová vlna po dvaceti letech*, Galerie Bazilika, České Budějovice
2007   *Umění porodit*, Veletržní palác, Praha
2007   *À table Européens!*, Centre culturel Calouste Gulbenkian, Paris
2008   Espace 16, Paris
2009   *Tschechische Fotografie des 20. Jahrhunderts*, Kunst und Ausstellungshalle der Bundesrepublik Deutschland, Bonn
2009   *Osemdesiate*, Slovenská národná galéria, Bratislava

Represented in Galleries / Zastoupení ve sbírkách

Fonds National d'Art Contemporain, Paris
Gernscheim Collections, Austin
Maison Européene de la Photographie, Paris
MNAM, Centre Georges Pompidou, Paris
Moravská galerie, Brno
Musée d'Elysées, Lausanne
PPF, Praha
Slovenská národná galéria, Bratislava
The Forbes Collection, Boston
The Jan and Meda Mládek Collection, Washington
The Museum of Fine Arts, Houston
Uměleckoprůmyslové museum, Praha

Bibliography (selection) / Literatura (výběr)

Books / Knihy

Kroutvor, Josef & Mrázková, Daniela & Scheufler, Pavel: *Co je fotografie, 150 let fotografie*, Praha, Ministerstvo kultury ČSR 1989

Mrázková, Daniela & Remeš, Vladimír: *Cesty československé fotografie*, Praha, Mladá fronta 1989

Hrabušický, Aurel & Macek, Václav: *Slovenská fotografia 80. rokov*, Bratislava, Zväz slovenských výtvarných umelcov 1989

Hlaváč, Ľudovít: *Dejiny slovenskej fotografie*, Martin, Osveta 1989

Birgus, Vladimír & Vojtěchovský, Miroslav: *Tschechoslowakische Fotografie der Gegenwart*, Heidelberg, Museum Ludwig, Köln – Edition Braus 1990

Macek, Václav: *Slovak Staged Photography*, Bratislava, Q 111 1991

Macek, Václav: *Súčasná slovenská fotografia*, Bratislava, SKZ MK SR 1991

Birgus, Vladimír: Česká a slovenská fotografie 80. let, in: *Česká a slovenská fotografie dnes*, Praha, Orbis 1991

Macek, Václav: *Peter Župník*, Martin, Osveta 1993

Encyklopedie českých a slovenských fotografů, Praha, ASCO 1993

Macek, Václav: *Slovenská imaginatívna fotografia 1981–1997*, Bratislava, Fotofo 1998

Birgus, Vladimír & Scheufler, Pavel: *Fotografie v českých zemích 1839–1999*, Praha, Grada 1999

Luciana, James: *Black and White Photography*, Gloucester, Rockport Publishers Inc. 2000

Hrabušický, Aurel & Macek, Václav: *Slovenská fotografia 1925–2000*, Bratislava, Slovenská národná galéria 2002

Perrot, Eric & Wellner Pospíšil, Michael & Župník, Peter: *Prague, mémoires nocturnes / Praha, paměti noci / Prague, Night Memories*, Paris, Le centre tchèque 2003

Macek, Václav: *Bratislava zadným vchodom 1918–2005*, Bratislava, Fotofo 2005

Birgus, Vladimír & Mlčoch, Jan: *Česká fotografie 20. století*, Praha, Uměleckoprůmyslové
    museum a Kant 2005
Birgus, Vladimír & Mlčoch, Jan: *Czech Photography of the 20th Century*, Praha, Museum of
    Decorative Arts and Kant 2005
Dufek, Antonín: *Třetí strana zdi*, Praha, Moravská galerie v Brně a Kant 2008
Birgus, Vladimír & Mlčoch, Jan: *Tschechische Fotografie des 20. Jahrhunderts*, Bonn a Praha,
    Kunst- und Ausstellungshalle, Kant a Uměleckoprůmyslové museum 2009
Birgus, Vladimír & Mlčoch, Jan: *Česká fotografie 20. století*, Praha, Kant 2010
Birgus, Vladimír & Mlčoch, Jan: *Czech Photography of the 20th Century*, Praha, Kant 2010

Exhibition Catalogues / Katalogy výstav

27 Contemporary Czechoslovakian Photographers, London–Bristol, The Photographers', Gallery
    1985 (texts Antonín Dufek & Sue Davies)
Jedenáct, Praha, Galerie FOMA 1988 (text Anna Fárová)
Stretnutie 02 – Slovenskí absolventi FAMU, Bratislava, ZSVU 1989
    (text Juliana Menclová-Tesáková)
37 fotografů Na Chmelnici, Praha 1989 (text Anna Fárová)
Spontaneous Eclectism, Questioning Europe, Rotterdam, Biennale 1988 (text Antonín Dufek)
Choice, Nineteen Contemporary Czechoslovak Photographers, Houston, FotoFest 1990
    (texts Frederick C. Baldwin & Wendy Watriss)
Positivität, Wien, Fotogalerie 1990 (text Anna Fárová)
Most + Holandsko, Praha, Ministerstvo kultury ČR 1990 (texts Ivona Raimanová & Igor Zhoř)
Peter Župník, Fotografie, Cheb, Galerie 4 1991 (text Lucia Benická)
Krajina v současném výtvarném umění, Praha, Dům U Kamenného zvonu, Sorosovo centrum
    současného umění 1993 (texts Ludvík Hlaváček & Marta Smolíková)
A la recherche du père, Paris, Paris Audiovisuel 1993 (text Viviane Esders)
    Banque Privée Edmond de Rothschild, rapport annuel, Genève 1993
Northern England in Northern Slovakia – Severné Anglicko na severnom Slovensku, Festival fotografie
    & mixmediálneho umenia, Poprad, Tatranská galéria 1993 (text Lucia Benická)
Mesiac fotografie, Bratislava, Fotofo 1993 (text Aurel Hrabušický)
Moře – La mère, Praha, Francouzský kulturní institut 1994
Generation 60. Kamil Varga, Peter Župník, Rudo Prekop, London, Photofusion 1995
    (text Lucia Benická)
Inszenierte Fotografie, Die Prager Fotoszene, Braunschweig, Museum für Photographie
    Braunschweig 1996 (text Suzanne Pastor)
Fotofest Houston (aukčný katalóg) 1996, 1998, 2000, 2004, 2006, 2010
Halle Meets Prag, Leipzig, Talstrasse 1997
Kortárs Szlovák fotográfia, Súčasná slovenská fotografia, Slovak Contemporary Photography,
    Bratislava a Műcsarnok, Fotofo 1999 (texts Václav Macek & László Beke)
Mesiac fotografie, Bratislava, Fotofo 1999 (text Peter Župník)
Współczesna fotografia słowacka, Warszawa, Centrum sztuki współczesnej 2000
    (text Marek Grygiel)

Emerging from the Shadows, Bratislava, Slovart 2001 (text Colin Jacobson)
Peter Župník, Malé veľké veci, Poprad, Dom fotografie 2001 (text Lucia Benická)
Česká a slovenská fotografie 80. a 90. let 20. století, Olomouc, Muzeum umění 2002
    (texts Lucia Lendelová & Tomáš Pospěch & Helena Rišlinková).
Mesiac fotografie, Bratislava, Fotofo 2003 (text Lucia Benická)
Fotograf v zahradě, Praha, PPF 2003
Peter Župník, Světla, Praha, Galerie České pojišťovny a Ateliér Josefa Sudka 2004
    (text Josef Moucha)
Maximální fotografie, Praha, PPF 2004 (text Pavel Scheufler)
Animálie, Praha, Galerie české plastiky 2004 (text Nadia Rovderová)
Eros, Eros, Eros, Praha, Galerie české plastiky 2004 (text Nadia Rovderová)
Florálie, Praha, Galerie České plastiky 2005 (texts Nadia Rovderová & Václav Hájek)
Boutades, Amsterdam, Stichting Voetnoot 2006 (text Oscar Voch)
Amor Vincit Omnia, Berlin, Saarlandische Galerie Berlin–Mitte 2006 (texts Dadja Altenburg-
    Kohl & Iva Nesvadbová)
Umění porodit, Praha, Hnutí za aktivní mateřství 2007 (texts Evžen Kukla & Nadia Rovderová)
Moje oči v Levoči, Levoča, Mestské kultúrne stredisko mesta Levoča, Občianske združenie
    Krásny Spiš 2007 (text Mira Kováčiková)
Mesiac fotografie, Bratislava, Fotofo 2007 (text Lucia L. Fišerová)
Slovenská nová vlna po dvaceti letech, České Budějovice, Galerie Bazilika 2007
    (text Lucia L. Fišerová)
Levoča, Peter Župník, Levoča, Mestské kultúrne stredisko mesta Levoča 2009
    (text Peter Milčák)
Osemdesiate, Postmoderna v slovenskom výtvarnom umení 1985–1992, Bratislava, Slovenská národ-
    ná galéria 2009 (text Bohunka Koklesová)
Stredoeurópske fórum Bratislava 17.–18. november 2009, Bratislava, Občianske združenie Projekt
    Fórum, Hlavné mesto SR Bratislava a Knihovna Václava Havla 2009

Book illustrations / Knižní ilustrace

Tatarka, Dominik: *Písačky*, Praha, Labyrint 1999
Kainar, Josef: *Bledej gentleman*, Praha, Labyrint 2002

Filmography / Filmografie

Vernisáž, Bojan Kastelic, Rudo Prekop, Praha 1985
Příběh československé fotografie, režie Josef Havran, Krátký film Praha 1989
Pozitivita, námět a režie Martina Kudlacek, Česká televize 1994
Úhly pohledu, Mezi dveřmi je A. G., režie Karel Fuksa, Arnošt Goldflam, Česká televize 2005
Umenie 07, režie Ivan Ostrochovský, Slovenská televízia 2007
Videoprofil, Ján S. Sabol, TASR 2008, http://www.tasr.sk/252.axd
Medailón Peter Župník, režie Tatiana Snitková, TV Košice / regióny 2008
Zrkadlenie, Jana Pataraková, Slovenský rozhlas 2009

Interviews / Rozhovory

Birgus, Vladimír, *Revue Fotografie*, 1989, č. 3

Pacina, Michal: Peter Župník, Soukromá pátrání, *Fotografie*, 1991, č. 10

Chriašteľová, Ľuba: Teraz alebo nikdy, *Nový čas*, 21. 1. 1994

Magdolenová, Kristína: Fotografia je neodmysliteľnou súčasťou rôznorodého sveta, v ktorom žijeme, *SME*, 3. 4. 1997

Fryšarová, Renáta: Peter Župník, Kráčím někam na počátek století, *Fotovideo*, 1999, č. 6

Chuchma, Josef: Som zavretý doma a pozerám sa okolo seba, hovorí pre SME fotograf Peter Župník, *SME*, 27. 7. 1999

Opoldusová, Jena: Umelec naozaj žije, len keď tvorí, *Pravda*, 20. 7. 2002

Tomečková, Ina: Umelec musí tvoriť! Keď iba zarába, tak len vegetuje, *EuroReport*, březen 2002

Kováčiková, Mira: Poetický fotograf Peter Župník sníval pôvodne o dráhe dokumentaristu, *SME, Tatranský korzár*, 11. 8. 2003

Murat-Oravcová, Natália: Vizuálne s poéziou, humorom a novým významom, *Fotovideo*, 2003, č. 11

Bubeníček, Petr: Paříž je bludiště, *DigiFoto*, 2007, č. 3

Opoldusová, Jena: Otváram Pandorinu skrinku, *Pravda*, 10. 11. 2007

Opoldusová, Jena: Peter Župník vdychuje život gotickým plastikám, *Pravda*, červen 2009

Articles / Články

Kalušiaková, Jela: Umenie v neustálom pohybe, *Večerník*, 13. 2. 1989

Kalusová, Šárka: Kam kráčíš, fotografie?, *Rudé Právo*, 9. 8. 1989

Macek, Václav: Zlatá, strieborná...fotorozprávka, *Nedeľná Pravda*, 26. 1. 1990

Orsoni, Michel: Pour un baroque contemporain, *Vis à Vis*, 1990

Cibulová, Iris: Galéria umelcov Spiša, *Nový čas*, 7. 9. 1991

Silverio, Robert: Peter Župník – fotografista, *Studentské listy*, 1991, č. 11, květen

Stachová, Marta: Peter Župník, *Kultúrny život*, 21. 5. 1992

Župník, Peter: Spoušť!, *Reflex*, 1992, č. 15

Babín, Emil: Všednosť povýšená na sviatočnosť, *Pravda*, 14. 5. 1993

Farkašová, Jana: Pozoruhodná kniha Peter Župník, *Knižná revue*, 22. 12. 1993

Chuchma, Josef: Vidění Petra Župníka, *Mladý svět 36*, 1994, č. 2

Fárová, Anna: Peter Župník, *Labyrint*, 1994, č. 1

(gl): Ten, ktorý rozmýšľa o fotografii, *Smer*, 25. 1. 1994

Fleury, Jean-Christian: Animalia. Tableaux de chasse imaginaire, *Photographies*, 1994

Kiefer, Georg: Česká a slovenská fotografie opět společně, *Denní telegraf*, 22. 8. 1996

Mrázková, Daniela: Contemporary Czech Photography, *Photographers International*, 1996, č. 27

Bradley, Jeff: Mind-tickling Photography, *The Denver Post*, 23. 10. 1998

Dufek, Antonín: Crossing Borders: Contemporary Czech and Slovak Photography, *Aperture*, 1998, č. 152

Rovderová, Naďa: Jedenásť zastavení v duši Petra Župníka, *Kankán*, únor 1998

Ulrych, Petr: Pět u Řečických, *Svobodné slovo*, 27. 7. 1999

Horáčková, Alice: Fotograf Peter Župník se dívá zdaleka i zblízka, *MF Dnes*, 23. 7. 1999

Macek, Jiří: Peter Župník u Řečických: Zdálky zblízka, *Dotyk*, 1999, č. 4, srpen–září

(ren): Poeta Župník vystavuje v Praze, *Rozhlas*, č. 33, 9. 8. 1999

Puková, Andrea: Fotograf Peter Župník sa pozerá zďaleka zblízka, *SME*, 27. 11. 1999

Skalský, Vladimír & Vokušová, Naďa: Fotograf Peter Župník. Básnik každodenných zázra-
kov, *Dotyky*, 1999–2000, č. 12–1, prosinec–leden

Fárová, Anna; Župník, Peter: Great Little Things, *Imago*, 2000, č. 10

Puková, Andrea: Peter Župník vystavuje Paríž v Paríži, *SME*, 1. 3. 2001

Puková, Andrea: Peter Župník vidí malé veci veľké, *SME*, 29. 11. 2001

(hra): Peter Župník necháva fotky odležať ako dobré víno, *SME, Košický korzár*, 20. 2. 2002

(kim): Aj v obyčajných veciach našiel fotograf poéziu, *Tatranský denník*, 7. 8. 2003

Puková, Andrea: Župníkova spiaca Praha uprostred Paríža, *SME*, 18. 9. 2003

Bauerová Laďka: Česko prezentuje fotografie, literaturu a hudbu, *Lidové noviny*, 3. 11. 2003

Opoldusová, Jena: Fotografie aj na stromoch, *Pravda*, 29. 10. 2003

Audran, Marie: La transfiguration du quotidien, *Le Point*, 10. 10. 2003

Peter Zupnik, *Le Monde*, 22. 9. 2003

Circulez, y a rien ŕ voir!, *Art Actuel*, 2003

Moucha, Josef: Světla v nás, *Ateliér*, 2004, č. 14–15, 8. 7.

Chuchma, Josef: Župníkovy vpády do fotografie se ztišují, *MF Dnes*, 9. 7. 2004

Havelková, Markéta: Peter Župník: Pohybuji se na hranici postřehnutelnosti, *DigiArena.cz*,
24. 8. 2004

Opoldusová Jena: Dvanásť apoštolov slovenskej kultúry vo svete, *Moment – magazín denníka
Pravda*, 16. 6. 2005

Opoldusová, Jena: Vo všednosti vidí poéziu, *Pravda*, 3. 11. 2007

Fišerová, Lucia L.: Clivota života, *Fotograf*, 2008, č. 12

Mojžiš, Juraj: O fotografii Stabilita Petra Župníka, *Romboid*, 2009, č. 7

Opoldusová, Jena: Peter Župník vdychuje život gotickým plastikám, *Pravda*, 7. 7. 2009

Kyša, Leoš: Příběhy obyčejného vzdoru, *Magazín Víkend. Hospodářské noviny*, 20. 11. 2009

List of Published Photographs

p. 2   photo by Tomáš Korda, 2005

1   I Like Fairy Tales, 1985–2002

2   The Flying Dutchman, 1986–1989

3   Fables, 1986–1990

4   Good and Evil, 1985–1989

5   All Souls' Day, 1985–2004

6   A Feeling, 1991–1992

7   Time, 1983–1998

8   Gentle Touch, 1988–1991

9   Geese Lose Only Feathers, 1981–1989

10   Paris, Texas, 1985–1991

11   Homage to Tarkovsky, 1985–1987

12   Puma, 1999–2005

13   Good-bye, Andy, 1993

14   Temptation, 1998–2005

15   Lunette, 1995–2001

16   Slow Hand, 1995–2001

17   Le Chat Noir, 1996–2006

18   Once Upon a Time, 1994–1995

19   Christmas, 1988–1998

20   Brittany Express, 1994–2004

21   Dream, 2005–2007

22   Deceived Fish, 1982–1990

23   Whales, 1985–1990

24   Kitchen Oath, 1984–1990

25   Handful, 1998–2001

26   My Landscape, 1989–1990

27   In the Rain, 1994–1995

28   Easy Rider, 1995–1999

29   Memory, 1993–2003

30   Calm, 1993–2009

31   I Miss You, 1993–1997

32   The Beginning of Birth, 1993–1999

33   Prague Flâneur, 1985–1998

34   Melondrama, 2004–2005

35   Dialogue, 1995–2005

36   Cherries, 1994–1996

37   Levitation, 1999–2001

38   Paths, 1992–2008

39 Still Life 1933, 1982–2001

40 Messages, 1997–2004

41 Paris Conversation, 2005–2007

42 A Dream of Scooters, 1985–1991

43 Dog Day, 1985–1990

44 Now, 1985–1991

45 Self-portrait, 1993–1997

46 Like a Butterfly, 2004–2007

47 I'm Cooking, 1985–1990

48 Erotic Letter, 1995–2001

49 Break-up, 2005–2007

50 Lost Kiss, 2005–2007

51 White Man, 1990–1998

52 Comet, 2003–2004

53 Mirror, 2006–2008

54 Labyrinth, 1984–2007

55 Silhouette, 1996–2006

56 A Walk in Paris, 1990–2004

57 Art Nouveau, 1995–1997

58 La Chapelle Royale, 2004–2005

59 Fortress, 1994–1996

60 Icarus, 1985–1988

61 Night Flight, 1990–1991

62 Fossil, 1993–1997

63 A Lighthouse for Kamil Lhoták, 1994–1995

64 Vampire Ball, 1984–1993

65 Chrysanthemums, 1997–2003

66 The Cat That Would Be a Tiger, 1985–1990

67 Silence, 2001–2004

68 Curtain, 1994–2007

69 Stability, 1985–1990

70 Oath, 1999–2005

71 Barque of Dreams, 1995–1997

72 A Talk with the Wind, 1988–1995

73 Stairway to Heaven, 1984–1990

74 Morning, 1993–1997

75 Observers, 1998–1999

76 Angel Dog, 1983–1990

77 And the Ship Sailed On, 1985–1993

78 Resurrection, 1999–2004

79 Autumn Rose, 1996–1999

80 Genesis, 1994–2001

Soupis publikovaných fotografií

s. 2	foto Tomáš Korda, 2005
1	Mám rád rozprávky, 1985–2002
2	Bludný Holanďan, 1986–1989
3	Bájky, 1986–1990
4	Dobro a zlo, 1985–1989
5	Dušičky, 1985–2004
6	Pocit, 1991–1992
7	Čas, 1983–1998
8	Jemný dotyk, 1988–1991
9	Husi strácajú len perie, 1981–1989
10	Paris, Texas, 1985–1991
11	Pocta Tarkovskému, 1985–1987
12	Puma, 1999–2005
13	Good-bye, Andy, 1993
14	Pokušenie, 1998–2005
15	Mesiačik, 1995–2001
16	Pomalá ruka, 1995–2001
17	Le Chat Noir, 1996–2006
18	Kde bolo, tam bolo, 1994–1995
19	Vianoce, 1988–1998
20	Bretaňský expres, 1994–2004
21	Sen, 2005–2007
22	Oklamaná ryba, 1982–1990
23	Veľryby, 1985–1990
24	Kuchynská prísaha, 1984–1990
25	V hrsti, 1998–2001
26	Moja krajina, 1989–1990
27	V daždi, 1994–1995
28	Easy Rider, 1995–1999
29	Spomienka, 1993–2003
30	Pokoj, 1993–2009
31	Chýbaš mi, 1993–1997
32	Začiatok vzniku, 1993–1999
33	Pražský chodec, 1985–1998
34	Melondráma, 2004–2005
35	Rozhovor, 1995–2005
36	Čerešne, 1994–1996
37	Levitácia, 1999–2001
38	Cestičky, 1992–2008

39   Still Life 1933, 1982–2001

40   Odkazy, 1997–2004

41   Parížsky hovor, 2005–2007

42   Sen o kolobežkách, 1985–1991

43   Psí deň, 1985–1990

44   Teraz, 1985–1991

45   Autoportrét, 1993–1997

46   Ako motýľ, 2004–2007

47   Varím, 1985–1990

48   Erotický list, 1995–2001

49   Rozchod, 2005–2007

50   Stratený bozk, 2005–2007

51   Biely muž, 1990–1998

52   Kométa, 2003–2004

53   Zrkadlo, 2006–2008

54   Labyrint, 1984–2007

55   Silueta, 1996–2006

56   Parížska prechádzka, 1990–2004

57   Art Nouveau, 1995–1997

58   La Chapelle Royale, 2004–2005

59   Pevnosť, 1994–1996

60   Ikaros, 1985–1988

61   Nočný let, 1990–1991

62   Fosília, 1993–1997

63   Maják pre Kamila Lhotáka, 1994–1995

64   Ples upírov, 1984–1993

65   Chryzantémy, 1997–2003

66   Mačka, ktorá chcela byť tigrom, 1985–1990

67   Ticho, 2001–2004

68   Opona, 1994–2007

69   Stabilita, 1985–1990

70   Sľub, 1999–2005

71   Koráb snov, 1995–1997

72   Rozhovor s vetrom, 1988–95

73   Schody do neba, 1984–1990

74   Ráno, 1993–1997

75   Pozorovatelia, 1998–1999

76   Anjel pes, 1983–1990

77   A loď pláva, 1985–1993

78   Vzkriesenie, 1999–2004

79   Jesenná ruža, 1996–1999

80   Genesis, 1994–2001

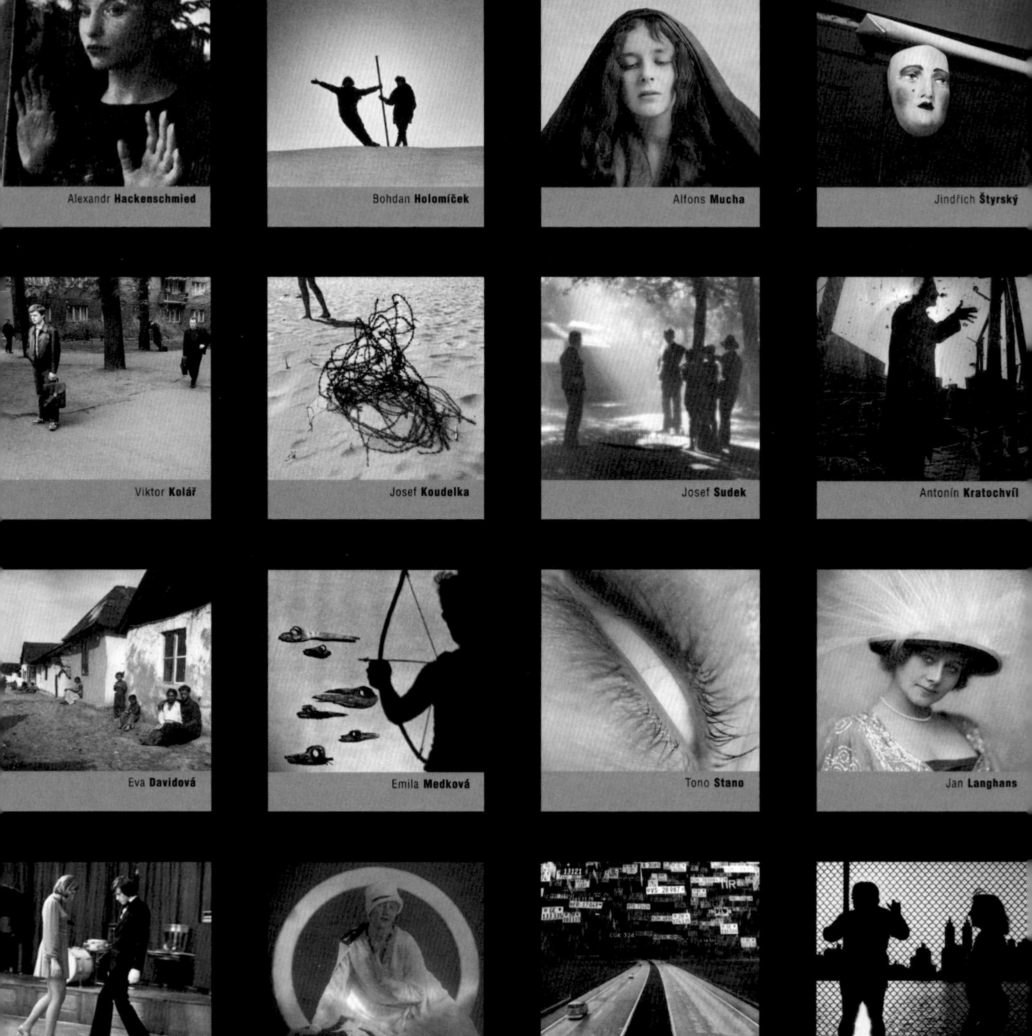

Alexandr Hackenschmied
Bohdan Holomíček
Alfons Mucha
Jindřich Štyrský
Viktor Kolář
Josef Koudelka
Josef Sudek
Antonín Kratochvíl
Eva Davidová
Emila Medková
Tono Stano
Jan Langhans
Iren Stehli
František Drtikol
Eva Fuková
Bohumil Krčil

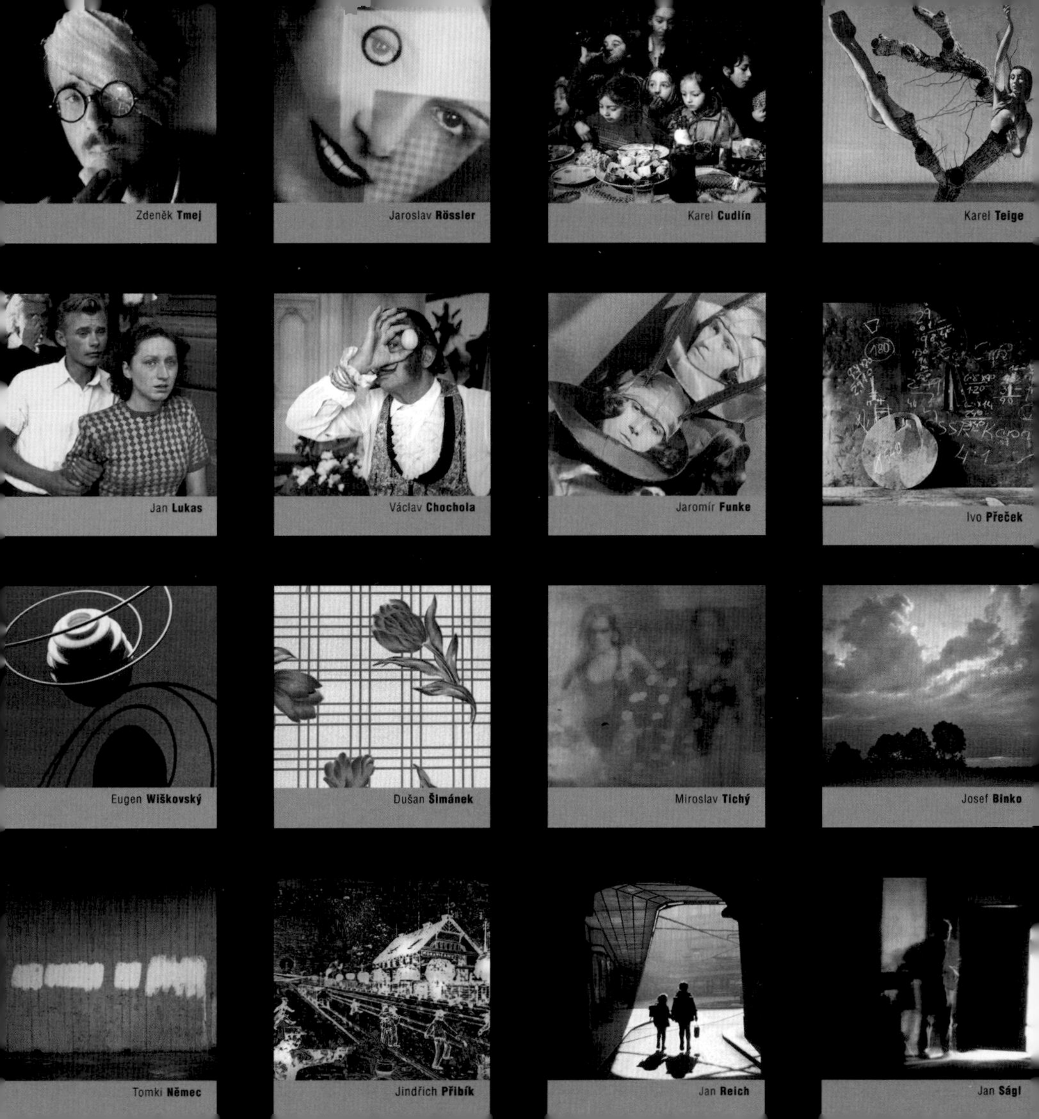

Zdeněk Tmej
Jaroslav Rössler
Karel Cudlín
Karel Teige
Jan Lukas
Václav Chochola
Jaromír Funke
Ivo Přeček
Eugen Wiškovský
Dušan Šimánek
Miroslav Tichý
Josef Binko
Tomki Němec
Jindřich Přibík
Jan Reich
Jan Ságl

Peter Župník

by Lucia L. Fišerová
Photograph selection by Lucia L. Fišerová & Peter Župník
Translation: Derek & Marzia Paton
Graphic concept: Studio Najbrt, Prague
Graphic design: Pavel Lev & Klára Hájková, Studio Najbrt
Lithography: Art D, Prague
Printed by Trico, Prague
Copy editors: Jan Šulc & Derek Paton
Published by TORST
Address: Opatovická 24, Prague 1
CZ-110 00, Czech Republic
foto@torst.cz
First edition, 2010

Also available through D. A. P. /Distributed Art Publishers
155 Sixth Avenue, 2nd Floor, New York, N.Y. 10013, USA
Tel: ++1 (212) 627-1999 Fax: ++1 (212) 627-9484